Christian Haydn

# Schnopsroas
Ein hochprozentiger Reisebegleiter

# FREYA APPT!

## INTERAKTIVES LESEVERGNÜGEN MIT DER FREYA-BÜCHER-APP!

Ab sofort können Sie unsere Bücher mit der *kostenlosen* App interaktiv entdecken. Videos, Zusatzinhalte und mehr Informationen aus den Freya Büchern steigern Ihr Lesevergnügen und bieten Ihnen faszinierende Einblicke.

**So einfach geht's:**

1. Laden Sie die *kostenlose* Freya-Bücher-App im Google Play Store oder im Apple App Store auf Ihr Smartphone oder Ihr Tablet.
2. Wählen Sie Ihr Buch aus der Liste in der Freya- Bücher-App aus und drücken Sie auf „Bild scannen". Automatisch wird Ihre Kamera aktiviert.
3. Halten Sie Ihr Smartphone oder Ihr Tablet jeweils über die Bilder in Ihrem Buch, die mit einem kleinen Handysymbol versehen sind.
4. Dann öffnen sich die zusätzlichen interaktiven Elemente von selbst. Schon haben Sie Zugang zu weiteren Informationen und Videos aus dem Buch.

Bilder mit diesem Symbol scannen

**Hinweise:**
*Sollten die Bilder von der App nicht erkannt werden, stellen Sie bitte sicher, dass das Buch ausreichend beleuchtet ist, und verringern Sie gegebenenfalls den Abstand zur Kamera. Ihr elektronisches Gerät muss mit dem Internet verbunden sein.*

Christian Haydn

# Schnops *roas*

 Ein hochprozentiger Reisebegleiter

ISBN 978-3-99025-358-8
© 2019 Freya Verlag GmbH
Alle Rechte vorbehalten

**Layout:** freya_art, Wolf Ruzicka
**Lektorat:** Dorothea Forster
**Fotos:** Martina und Christian Haydn (Seiten 8, 42, 44, 46, 90, 106, 109, 115, 130, 136, 146, 157, 162, 172, 175, 177, 183, 193, 197, 219, 221, 223), Barbara Öllerer (Seiten 11, 12 ,17), Johanna Kuenz (Seite 19), Arthur Naegele (Seite 23), Air-Media Karl Strauch (Seite 64), Günter Zangerle (Seite 33), Martin Steinthaler (Seite 70), Familie Gruber (Seite 205), Weingut Adam, „Croce" im Auftrag von Bauer (Seite 75), Schererkogel (Seite 76), Goelles (Seite 94), Jakob Meyer (Seite 166), Alt Wiener Schnapsmuseum (Seite 120), Manfred Höck (Seite 51), Wiederstein (Seite 116), Christian Bisich (Seite 141), Reisetbauer/Helge Kirchberger Photography (Seite 199), ), Rosi Huber (Seite 66), David Dunst (Seite 86)
**Fotolia** © M. Schuppich, Hetizia, photoflorenzo, Steidi, Jürgen Fälchle, T. Linack, Zerbor, copy space © J.Mühlbauer exclus., arnoldo96
Mit freundlicher Genehmigung von Servus TV (Seite 116)

printed in EU

# Inhalt

*Erklärung zur Freya-Bücher-App* ............................................. 2
*Vorwort* ................................................................................... 9
*SCOTTY – der Routenplaner für Öffis* ................................. 12 • SCOTTY
*Seite 12*
*Die „Schnopsroas" im Zeitraffer* ......................................... 13
*Verlinkung auf „Schnapsnase.at"* ....................................... 17 • VERLINKUNG
*Seite 17*

## 1. ROUTE
*1. Teilstrecke*
**Osttiroler Pregler** ............................................................... 19
*2. Teilstrecke*
**Vorarlberger Subirer** .......................................................... 23
*3. Teilstrecke*
**Schnapsroute im Tiroler Oberland** .................................... 33

## 2. ROUTE
**Schnapsroute im Tiroler Unterland** ................................... 43

## 3. ROUTE
**Salzburger „Vögei"** ............................................................. 55 • VIDEO
*Seite 51*

## 4. ROUTE
*1. Teilstrecke*
**Kärntner Mostbarkeiten** .................................................... 69 • VIDEO
*Seite 66*
*2. Teilstrecke*
**Steirischer „Schücha"** ........................................................ 75 • VIDEO
*Seite 70*
• VIDEO
*Seite 75*

## 5. ROUTE
*1. Teilstrecke*
**Der Geist der Apfelmänner** ..................................................81
*2. Teilstrecke*
**Steirische Genussregionen** ..................................................91

*VIDEO*
*Seite 83*

## 6. ROUTE
*1. Teilstrecke*
**Am Weg zur Schnaps-Genuss-Meile** ...................101
*2. Teilstrecke*
**Rund um den Neusiedler See** ...............................109

## 7. ROUTE
*1. Teilstrecke*
**Zwischen den Weinrieden** .......................................115
*2. Teilstrecke*
**Vom Schnapsmuseum zum Heurigen** ...............119
*3. Teilstrecke*
**Wetterleuchten am Erlebnisweg** .........................131

*VIDEO*
*Seite 116*

*VIDEO*
*Seite 128*

## 8. ROUTE
**Waldviertler Whiskytrail** ..........................................137

*VIDEO*
*Seite 141*

## 9. ROUTE
*1. Teilstrecke*
**Wachauer Marille** ........................................................147
*2. Teilstrecke*
**In den Weinregionen**
**Kamptal, Wagram und Traisental** .........................155

## 10. ROUTE
*1. Teilstrecke*
**Mit der Himmelstreppe durchs Dirndltal**........159
*2. Teilstrecke*
**Michelbacher Elsbeerweg**........167

## 11. ROUTE
**Melker „Schnopsroas"**........173

## 12. ROUTE
**Bei den Mostbaronen**........183

## 13. ROUTE
**Brennpunkte in Oberösterreich**........193

VIDEO
*Seite 199*

VIDEO
*Seite 205*

*Kleines Schnapslexikon*........210
*Nachwort*........220
*Dankeschön*........222
*Literatur*........224

Schnapsshooting im Garten

# Vorwort

*„Jeder Tag, an dem du das Leben nicht genießt, ist ein verlorener Tag."*

In Abwandlung des Zitats von Charly Chaplin ist Genuss in vielfältiger Weise ein bestimmendes Element in meinem Alltag – Lächeln natürlich auch!

Zu einem genussvollen Leben zählen für mich Musik nahezu aller Stilrichtungen, Ausstellungen, Kabarett, Theater und Musicals, die Schönheit der uns umgebenden Natur, gutes Essen, interessante, nette Menschen und … Schnäpse, Destillate, Edelbrände – wie immer man diese Grundlage meiner nicht alltäglichen Freizeitbeschäftigung auch nennen mag.

Mit diesem Grundgerüst habe ich eine 3.430 km lange „Schnopsroas" in insgesamt 43 Tagen – aufgeteilt auf 18 Wochen – absolviert. In 76 verschiedenen Destillerien verkostete ich gemeinsam mit den Besitzern 697 Edelbrände.

Darüber hinaus lernte ich die Vielfalt der österreichischen Bergwelt kennen, pulsierende Städte, reizvolle Klein- und Kleinstgemeinden. Mich hat die Gastfreundschaft, die Herzlichkeit, die Großzügigkeit jener Menschen fasziniert, die sich in diesen Regionen mit großem Engagement und unbändigem Pioniergeist für den Erhalt der sie umgebenden Kulturlandschaft einsetzen.

Ich verwende das Wort Schnaps ungeachtet der fachgerechten Terminologie. Die korrekte Bezeichnung für das, was ich vornehmlich trinke, ist Österreichischer Qualitätsedelbrand (siehe Seite 215) – das meine ich auch mit dem Wort „Schnaps".

Mit Whisky, Gin, Rum und Wodka gibt es schon einmal Mitbewerber am hochprozentigen Markt mit sehr knackigen, kurzen Namen. Warum sollte man nicht auch dem Edelbrand diesen „Wettbewerbsvorteil" gönnen?

In meiner persönlichen, fast zwanzigjährigen Schnapsgeschichte habe ich sehr viele Edelbrenner und Schnapsliebhaber kennengelernt. Deren Pioniergeist hat mich ebenso beeindruckt wie ihr Geschick, die vielfältigen Fruchtaromen in hochprozentigen Essenzen zu konservieren und diese durch Verkosten auch erkennen und beschreiben zu können. Meine spärlichen Versuche als kleiner Abfindungsbrenner Kleinstmengen an Schnaps zu erzeugen, haben mir gezeigt, wie schwierig dieses Unterfangen ist. Auch dass die Herstellung einer gleichbleibend hohen Schnapsqualität ein sehr hochgestecktes Ziel ist und dass es der Mühe wert ist, sich auf die Suche nach jenen Menschen zu begeben, die unermüdlich dieses Ziel verfolgen.

Dieses besondere Interesse an Edelbränden, viele Begegnungen mit Persönlichkeiten der Edelbrandszene und die Lust zu Fuß, mit dem Fahrrad und mit der Bahn zu reisen, haben mich dazu bewogen, eine groß angelegte Schnapsreise zu planen. In einer ersten Grobplanung hatte ich dafür etwa 700 km zu Fuß und 1500 km mit der Bahn vorgesehen.

Um all die Etappen durchführen zu können, war eine exakte Urlaubsplanung notwendig. Mit einer Woche im Mai, einer Woche im Juni und drei Wochen Ende August und Anfang September habe ich insgesamt 35 Urlaubstage für mein Projekt freigehalten. Für die restlichen Reisetage sollten Wochenenden zur Verfügung stehen.

Dann ging's an die Planung der Routen. Diesen Plan habe ich ins Internet gestellt und 94 Edelbrenner per E-Mail kontaktiert.

Schnopsroas zu Fuß

Etwa 60 Brenner haben geantwortet. Damit stand einem Start der Reise nichts mehr im Weg!

In acht Etappen bin ich von Mai bis September – mit Unterbrechungen – durch alle neun Bundesländer gereist, habe 76 Schnapsbrenner und Brennerpersönlichkeiten besucht, dabei 2.770 Bahn- bzw. Buskilometer, 480 Kilometer mit dem Fahrrad und 180 km zu Fuß bewältigt und etwa 700 exzellente Edelbrände verkostet – der ursprüngliche Plan wurde bei Weitem übertroffen!

"Schnopsroas" mit der Bahn

» ÖBB SCOTTY – *der Routenplaner für Öffis*
fahrplan.oebb.at

# Die „Schnopsroas" im Zeitraffer

Früher als geplant beginne ich am 29. April, am Tag des Mostes, meine „Schnopsroas" mit einer Radtour nach Steubach, Gemeinde Eschenau zu Sepp Sulzer. Bei sommerlichen Temperaturen radle ich mit meiner Frau Martina 36 km von Kilb nach Steubach. Nach einer Stärkung mit Käse, Brot und Most führt der Heimweg über die Panoramastraße Plambacheck mit einer herrlichen Aussicht ins blühende, saftig grüngelbe „Dirndltal".

Am 1. Mai folgt die erste Fußetappe – außerplanmäßig und in meiner näheren Heimat – Ziel ist Josef Neuhauser, einer von insgesamt sieben Kilber Edelbrandsommelièrs (siehe Seite 213). Am 5. Mai – dem planmäßigen Beginn meiner „Schnopsroas" – erfolgt der Start der ersten, 15 km langen Ganztagesetappe in brüderlicher Begleitung durch das Gemeindegebiet von Kilb.

Erste Station ist beim Meister der Obstverarbeitung, Herbert Hansinger in Petersberg. Über den Mostheurigenbetrieb von Edelbrandsommelièr Fritz Janker jun. führt der Weg von Rametzberg nach Christenberg zu einem weiteren Edelbrandsommelièr, Leopold Grießler, der für seine Schnapsvielfalt und hohe Qualität bekannt ist.

Am Tag darauf folgt eine längere Fußetappe nach Hohenbrand. Franz Fahrngruber ist das fünfte Mitglied der Kilber Edelbrandgemeinschaft und zählt ebenfalls zu den Newcomern in der regionalen Brennerszene.

Eine Woche später steht die als Radetappe geplante Tour ins Pielachtal – auch unter dem Namen „Dirndltal" bekannt – auf dem

Programm. Starker Regen lässt eine Radtour nicht zu und so absolviere ich diese Etappe mit „Öffis" und zu Fuß.

Erster Stopp ist bei Familie Gatterer, die in Ober-Grafendorf einen Ab-Hof-Laden betreibt und seit 1979 zum Mostheurigen einlädt, der als einer der ersten in der Region die Mostheurigensaison eröffnet. Mit der „Himmelstreppe" (vormals Mariazellerbahn) geht's weiter nach Kirchberg und zu Fuß zum idyllischen Bergbauernhof der Familie Fuxsteiner.

Die am folgenden Tag geplante „Drahtesel"-Tour ins Reich der Elsbeere nach Michelbach zu den Familien Vonwald und Mayer muss ich vorerst absagen. Sie wird am 15. Juni nachgeholt.

Ab dem 5. Tag steht die erste Bahnetappe nach Wien zum Altwiener Schnapsmuseum, zum Stammersdorfer Heurigen Schmidt und zum Schnapsjournalisten Peter Hämmerle am Programm und führt weiter in die Weinregion Carnuntum zu Grete Wiederstein und Petra Kollmann, ins burgenländische Horitschon zu Karin und Emmerich Kohlmann und ins Brennereihotel Lagler nach Kukmirn. Eine 15 km lange, grenzüberschreitende Wanderung führt mich ins Genusshotel Riegersburg und zum Edelbrandpionier Alois Gölles. Diese achttägige, 500 km lange Etappe findet ihre Fortsetzung in Graz, wo ein Besuch von Bauer Spirits und ein Treffen mit dem Edelbrandexperten und Top-Verkoster Georg Innerhofer am Plan stehen. Nach einem Besuch beim Bio- und Apfelbauern Karl Schloffer in Oberfeistritz ist der krönende Abschluss dieser Etappe ein Aufenthalt bei Waltraud und Alois Pöltl im Naturpark Pöllauertal, der Heimat der Hirschbirne.

Bei der nächsten Bahn- und Fußetappe steht die Steiermark im Mittelpunkt, sie startet am 8. Juni mit einer Bahnfahrt nach

Mariazell zur Pirker GmbH, führt weiter nach St. Lorenzen zu Gusti und Hubert Hirtner und dann ins Kirschen- und Weichselparadies von Maria und Leo Steinbauer. Von Rassach geht's wieder hinauf nach Graz und hinunter nach Gamlitz in die südsteirische Weinstraße zur Fruchtbrennerei Tinnauer. Die fünftägige Süd-Etappe führt mich weiter zu den Jöbstls nach Wernersdorf, dann mit dem Intercitybus über Graz nach Wolfsberg, weiter zum Vordenker Dominikus Spendel ins Lavanttal und endet in der Schleppe Brauerei in Klagenfurt beim Edelbrandpionier Valentin Latschen.

Die zweite Hälfte meiner „Schnopsroas" beginnt mit einer zweiwöchigen – und damit der längsten durchgängigen – Tour in Osttirol. Nach einer siebenstündigen Anreise ist die erste Station der Obstbaubetrieb und die Edelbrennerei der Familie Kuenz in Dölsach. Mit dem Bus geht's von Lienz nach Kitzbühel und weiter mit der Bahn nach Feldkirch, wo Bruno Broger in seine Whisky- und Edelbrennerei nach Klaus einlädt. In Vorarlberg stehen noch die zwei gewerblichen Brennereien, die Freihof-Destillerie in Lustenau und die Firma Pfanner in Lauterach am Programm. Der grenzüberschreitende Besuch des Top-Verkosters Arthur Nägele führt mich in die Schweiz ins Hotel Walzenhausen. Von hier geht's wieder mit vielen Stopps ostwärts durch das edelbrandmäßig grenzenlose Tirol zur Giggus Brennerei und zu Christoph Kössler nach Stanz, in Mairs Beerengarten nach Bichl, zum „Garagenbrenner" Max Lechner nach Rum. Dann zu einem weiteren international tätigen Verkoster, Bierbrauer, Edelbrandsommelièr, Whisky- und Edelbrenner Arno Pauli, zu Toni Rossetti, dem ersten Obmann der Tiroler Edelbrandsommelièrs und einer einzigartigen „vergoldeten" Brennerei in Kolsassberg. Die weitere Reise bringt mich zu Franz Kostenzer zum auf 1000 m Seehöhe gelegenen Achensee.

Weiter führt die „Schnopsroas" nach Saalbach zu Monika und Bartl Enn und zum Guglhof der Familie Vogl nach Hallein. In Oberösterreich lerne ich die traditionsreiche und imposante Brennerei Andre Christon der Familie Hobl in Munderfing kennen. Über das Hotel Paradiso führt der Weg zu Meisterbrenner Josef Hochmair nach Wallern, tags darauf zu Martin Schosser und Hans Reisetbauer. Mit dem Besuch bei Manfred Wöhrer, dem Sprecher des Oberösterreichischen Edelbrandforums und der Familie Wurm in St. Florian beende ich die Oberösterreichische „Schnopsroas".

Das Ende dieser zweiwöchigen Etappe ist gleichzeitig der Beginn bzw. die Fortführung der Niederösterreichischen „Schnopsroas". Mit Georg Hiebl, Toni Distelberger, Josef Farthofer, Bernhard Datzberger und der Familie Scheiblauer in der Kothmühle steht der Besuch vielfach prämierter Mostbarone auf dem Programm.

Fünf Monate nach Beginn der „Schnopsroas" starte ich am 2. September die letzte Etappe mit dem Fahrrad. Der Weg führt zuerst nach Maria Taferl zu Christian und Lukas Schüller, dann weiter in die Wirtshausbrennerei von Martina und Hans Krenn nach Stangles/Yspertal. Am Tag darauf beginnt die Whiskytour zur Whiskyerlebniswelt der Familie Haider in Roggenreith, zu Martina und Oswald Weidenauer nach Kottes und am nächsten Tag zu Elisabeth und Hermann Rogner nach Roiten. 23 km Richtung Nordosten führt mich mein Weg nahe an den Truppenübungsplatz (TÜPL) Allentsteig und weiter zum Demeterbauern und Sonnentorlieferanten Christian Rossnagl. Der TÜPL Allentsteig ist übrigens ein militärisches Sperrgebiet im Waldviertel, das dem Österreichischen Bundesheer für Übungszwecke zur Verfügung steht.

Das nördlichste Ziel meiner „Schnopsroas" sind der Obstbaubetrieb und die Destillerie von Helga und Reinhard Wetter in Missingdorf. Nach zehn feuchten und weiteren 36 trockenen Radkilometern – weitgehend bergab – erreiche ich den Turmhof von Otto Hotzy in Hadersdorf. Nächstes Ziel ist der Lehenhof von Karl und Traude Ditz in Krems Weinzierl, ein geschichtsträchtiges Anwesen. Der letzte Tag dieser Radtour und meiner „Schnopsroas" beginnt im Marillenhof Aufreiter, wird nach einem kurzen Zwischenstopp beim Obstbauern Martin Sedelmaier in der Domäne Wachau fortgesetzt und endet nach einem ungeplanten Besuch im Weingut Holzapfel nach 320 Rad-Kilometern in Kilb.

In diesem Buch stelle ich Ihnen Reiserouten vor, die Sie in besondere Regionen Österreichs führen – immer in Verbindung mit Destillerien und sehr häufig in Zusammenhang mit besonderen Obstsorten, die zu besonderen Destillaten verarbeitet werden.

» VERLINKUNG
*www.schnapsnase.at*

Die „Schnopsroas" führt durch 19 Genussregionen. Sie werden zwischen dem Tiroler Brennerdorf Stanz und der niederösterreichischen Wachau immer wieder auf den berühmten Barockbaumeister Jakob Prandtauer stoßen und zudem neun der insgesamt zehn Weltkultur- und Weltnatur-Erbe-Stätten in Österreich kennenlernen – all das in Verbindung mit Hochprozentigem!

Das Buch ist mit großem Respekt jenen Menschen gegenüber gewidmet, die Mut zeigen, kreativ und Neuem gegenüber offen sind und Veränderungen zulassen. Es ist jenen Edelbrennern und Edelbrandliebhabern zugeeignet, die meine „Schnopsroas" gekreuzt haben und die ich bei verschiedenen Gelegenheiten kennenlernen durfte.

Es kann kann auf Ihrer Reise durchaus zu Abweichungen bei der Streckenlänge, den Weg- oder Fahrzeiten geben! Die beschriebenen Edelbrände habe ich verkostet, mein sensorisches Urteil kann aber von Ihrem abweichen – aber das ist ein Wesen der Sensorik.

In beiden Fällen freue ich mich über eine Rückmeldung, eine übereinstimmende genauso wie über eine differierende.

Ich wünsche Ihnen, dass Sie am Ende des Buches oder auch schon früher Lust bekommen, eine der beschriebenen Regionen und den einen oder anderen Edelbrenner zu besuchen, um einen oder mehrere Edelbrände zu genießen.

## *Tipp*

Edelbrände sollten bei Zimmertemperatur (jedenfalls nicht zu kalt) und in bauchigen Stielgläsern serviert werden. Nur so können sich die Aromen entfalten. Der Edelbrandliebhaber riecht zuerst am Schnaps, um die Geruchssensorik vorzubereiten. Mit kleinen Schlucken, die möglichst gut im Mund verteilt werden, wird dann der Edelbrand am Gaumen erfasst. Klar, fruchttypisch, vollmundig, harmonisch und mit langem Abgang sollte er sein.

# OSTTIROLER PREGLER

**1. TEILSTRECKE // 2 TAGE**
Wien – Dölsach – Lienz – Virgen
(507 Bahn-/Buskilometer, 15 Kilometer zu Fuß)

Eine sechseinhalb- bis siebenstündige Anreise bringt Sie von Wien nach Dölsach. Die 2200-Seelen-Gemeinde Dölsach ist weltbekannt für ihre Kirchturmdachdecker und den 2011 verstorbenen Extrembergsteiger Sepp Mayerl.

Nächtigen ist im Tirolerhof möglich, wo es regionaltypisches Abendessen gibt: Knödeltries und danach ein Pregler.

„Pregeln", „Prägeln" oder „Brägeln" bedeutet *braten, sieden, schmoren*; gebräuchlich ist auch der Ausdruck „Schnaps sieden". Nach der bisherigen Praxis des Schnapsbrennens ist ein „Pregler" vorwiegend ein Apfel-Birnenbrand (ein Obstler). Durch den Codex hat der „Pregler" seit 1997 Gebiets- bzw. Markenschutz für Osttirol.

Kirchbichl

Daneben gibt es auch einen „Ur-Pregler", der mit Zwetschken verfeinert, auf eine Alkoholstärke nahe 50 %vol eingestellt und sehr nahe am Nachlauf feingebrannt wird.

Der nächste Tag könnte mit einem dreistündigen Morgenspaziergang auf den Kirchbichl oberhalb von Lavant beginnen – eine gute Gelegenheit, die Schönheit dieser Region zu bestaunen. Am frühen Nachmittag steht ein Besuch des Obstbaubetriebs und der Edelbrennerei von Familie Kuenz auf dem Programm. Der auf 750 m Seehöhe gelegene Kuenzhof ist seit dem Jahr 1643 im Familienbesitz. Die Brüder Florian und Johannes Kuenz bewirtschaften den Betrieb bereits in der 12. Generation.

Die feine, durchnummerierte Produktpalette hat ihren Schwerpunkt bei Apfelbränden. Hochprozentiger Apfel im Holzfass, Apfel-Holunder, Topaz und Apfel-Birne (Pregler), aber auch Zwetschke im Eichenfass, Holunder, Kranewitter (Wacholder), Vogelbeere und Zirbe stehen auf der Verkoster-Liste. Etwa 80 % der Früchte, die zu Edelbränden, Likören und Säften verarbeitet werden, werden im eigenen Betrieb geerntet.

Mit dem Rauchkofel Single Malt und dem Alpine Dry Gin gehen die Kuenz-Brüder auch neue Wege. Sie sind seit Anfang 2018 Mitglied der Austrian Whisky Association (siehe Seite 218).

Nach einem kulinarisch vielfältigen Nachmittag geht es mit dem Bus etwa 20 Minuten nach Lienz zum mehrfach ausgezeichneten Edelbrenner und Steuerberater MMag. Rudolf Schwarzer, der die jahrhundertealte Tradition des Schnapsbrennens in Osttirol mittlerweile in dritter Generation weiterführt. Sehenswert ist der 2014 generalsanierte Schnapskeller, der in der Gründungsphase der Geist-, Rum-, Liqueur-, Rosoglio- und Branntweinfabrik im Jahr 1878 errichtet wurde. Rosoglio (oder Rosolio) ist die Bezeichnung für einen Rosenlikör. Hier unternehmen Sie eine Zeitreise 200 Jahre zurück und verkosten Produkte der Gegenwart auf höchstem Niveau, angefangen vom typischen Osttiroler Pregler-Destillat aus Äpfeln, Birnen und Zwetschken (Urpregler) bis zum Bergvogelbeer.

Und weiter geht's eine dreiviertel Stunde mit dem Bus von Lienz nach Virgen zu einer Pregler-Brennmeisterin, DI Elke Obkircher. Das Virgental ist ein Paradies für Naturliebhaber. Die Häuser liegen verstreut auf den weitläufigen Wiesenhängen und wirken geradezu winzig im Vergleich zur imposanten Berglandschaft. Die Dreitausender des Nationalparks Hohe Tauern bilden eine mächtige Kulisse für den auf 1200 Metern Seehöhe gelegenen Binterhof, wo die Agrarökonomin Elke Obkircher ihren Obstgarten pflegt und ihrer Leidenschaft, dem Schnapsbrennen, frönt. Bei einer abendlichen Verkostung der vielfach prämierten Binter (Obkircher) Edelbrände dürfen der Pregler, der Williams, der Kirsch und die Vogelbeere keinesfalls fehlen. Die Früchte dafür werden rund um den Hof geerntet. Die Verkostung der Edelbrände, die Trophäensammlung der ausgezeichneten Produkte, die geschnitzten Krampuslarven und das gemütliche Verkosterstüberl machen den Aufenthalt am Binterhof zu einem besonderen Erlebnis. Sie können am Hof eine Ferienwohnung beziehen oder in einer auf 1600 m Seehöhe gelegenen Almhütte auf der „Motschndaba-Alm" nächtigen.

## Verkoster-Notizen »Osttiroler Pregler«

### Osttiroler Pregler Edelbrand 2010, 40 %vol

Naturbrennerei Kuenz, 9991 Dölsach
www.kuenz-schnaps.at
Tel: 04852 / 64 307

dezentes Fruchtspiel zwischen Birnen und Äpfeln; am Gaumen sehr reife Frucht; entwickelt sich sehr wohlig am Gaumen, klare Struktur; harmonisch, mit schöner Länge

### Tiroler Pregler, Osttiroler Streuobstwiese, 48 %vol

Schwarzer Brennerei, 9900 Lienz
www.schwarzerbrennerei.at
Tel: 04852 / 73 366

sehr vielschichtig, rauchig, Birne und Apfel vordergründig; am Gaumen sehr deutlicher, frischer Fruchtcharakter Apfel, Birne und etwas Zwetschke, enormer Druck, schöne Länge

### Pregler, Edelbrand aus Apfel und Birne, 40,4 %vol

Fam. Obkircher vulgo Binter, 9972 Virgen
www.brennerei-obkircher.at
Tel: 04874 / 52 243

sehr weiches, blumiges Birnen-Apfel-Spiel; frische, anhaltende Frucht am Gaumen; druckvoll und animierend; sehr harmonisch mit toller Länge

# VORARLBERGER SUBIRER

2. TEILSTRECKE // 5 TAGE
Virgen – Klaus – Lustenau – Hard – Bregenz – Hörbranz - Krumbach – Bizau – Lauterach – Feldkirch
(525 Bahn-/Buskilometer, 47 Kilometer zu Fuß)

Von Virgen geht es zurück nach Lienz, mit dem Bus nach Kitzbühel und weiter mit der Bahn über Innsbruck nach Feldkirch, wo Sie am späten Nachmittag das westlichste Ziel der „Schnopsroas" erreichen.

Einen guten Einstieg in die Edelbrandszene des „Ländles" gibt der IWSC-Verkoster Bruno Broger in Klaus (der Weinchemiker Anton Massel gründete 1969 den Club Oenologique mit der Absicht, einen Wein- und Spirituosenwettbewerb zu kreieren. 1978 wurde der Name in International Wine & Spirit Competition geändert. Das Ziel des IWSC ist, die Anerkennung von Qualitätsprodukten am Wein- und Spirituosensektor zu fördern. Weltweit werden aus fast 90 Ländern Proben eingereicht.)

Rohrspitz am Bodensee

„Traditionell, außergewöhnlich, begeisternd, ausgezeichnet, innovativ, österreichisch, genüsslich, verführerisch, vielfältig, faszinierend, familiär". All das trifft auf die Privatdestillerie Broger zu. Die Privatbrennerei in Klaus hat sich auf Whiskys, Gin und fassgelagerte Edelbrände spezialisiert, schätzt aber auch regionaltypische Sorten. Bei Familie Broger, die auch Gründungsmitglied der Austrian Whisky Association (AWA) ist, gibt es vier Edelbrandsommelièrs in der Familie und erlesene Edelbrände zu verkosten: Apfel fassgelagert, Wahl'sche Schnapsbirne, Löhrpflaume, Kirsche, Muskattraube, Meisterwurz, Orangengeist, Himbeergeist, Zirbe, Gin, Rheintaler Riebelmais Whisky, Triple Cask Whisky, Medium Smoked Whisky und „Burn-out"-Whisky. Und vielleicht treffen Sie zufällig Jim Murray, der in seiner „Whisky Bible" die Broger Whiskies in den höchsten Tönen lobt. Nach einer ausgezeichneten und ausgiebigen Verkostung wanken Sie in Ihr Quartier, vielleicht im Hotel Sternen.

Am nächsten Morgen starten Sie zu einer der größten gewerblichen Brennereien Österreichs, der Gebhard Hämmerle Freihof Destillerie in Lustenau. Nach einer 15-minütigen Anreise über Götzis und Hohenems erleben Sie eine hochinteressante Betriebsführung mit anschließender Verkostung. Die Zeiten erfragen Sie besser vorab.

Seit 1885 widmet sich die Familie Hämmerle der Herstellung von erlesenen Fruchtbränden. Der Freihof in Lustenau war ursprünglich ein Gasthaus und beliebter Treffpunkt für Feinschmecker. Eine angeschlossene Mosterei und Brennerei haben schon damals den Grundstein für das Lustenauer Schnapsimperium gelegt. Gebhard Hämmerle hat das Familienunternehmen 1952 übernommen und zu einer der führenden Destillerien Österreichs ausgebaut. Eine von mehreren Säulen des Traditionsunternehmens sind die Kernmarken „Privatbrennerei Gebhard

Hämmerle", erkennbar am Hammer als Verschluss, der Freihof Mirtillo, ein Heidelbeerlikör mit Limette, Ingwer und Wacholder, die Freihof Schnäpse und Liqueure sowie der Edelweiß Vodka. Mit unzähligen Prämierungen im Rahmen der Falstaff Spirits Trophy und des World-Spirits Awards kann das Unternehmen auf einen hohen Qualitätsstandard verweisen. Und davon können Sie sich bei der abschließenden Verkostung selbst ein Bild machen, etwa bei der Vorarlberger Spezialität, dem Subirer, der alpenländischen Rarität, dem Enzian, dem Exoten Mispel und den Edelbrand-Klassikern Williams und Steinkirsche.

Von Lustenau geht es weiter nach Hard, wo Sie nach einer etwa dreiviertelstündigen Anreise den Milchwirtschaftsbetrieb und die Brennerei von Albert Büchele besuchen können. Am Michelehof, so der Hofname, werden seit nunmehr über 180 Jahren eine Landwirtschaft und eine Brennerei betrieben. Im Jahr 2000 startete Albert Büchele mit einer gewerblichen Brennerei. Fünf Jahre später wurde ein neues Brennereigebäude mit einem großzügigen Verkostungsraum errichtet. Die Architektur des zeitgemäßen Zubaus von Philip Lutz wurde mehrfach ausgezeichnet. Ausgezeichnet wurde auch der Spitzenbrenner für seine Edelbrände mit unzähligen Medaillen, er wurde als „Distillery of the Year" im Rahmen des World-Spirits Award gekrönt und ist mehrfacher Vorarlberger Landessieger. Sein umfangreiches Sortiment umfasst über 25 verschiedene Edelbrände, darunter vier sortenreine Apfel- und drei Birnenbrände, etwa den Subirer. Der Blütenkelch dieser Vorarlberger Lokalsorte ist auch Vorbild für das Markenzeichen der Destillerie von Albert Büchele.

Der Subirer ist ein sortenreiner Edelbrand und eine seltene, aus Vorarlberg stammende, besonders aromareiche Birnensorte. Sie kommt hauptsächlich im Vorarlberger Unterland, also von

Dornbirn bis zur nördlichen Landesgrenze vor. Heute ist die Erzeugung des Subirers nur Vorarlberger Brennern erlaubt, der Markenname ist geschützt.

Seit 1998 ist dieser sortenreine Birnenbrand immer wieder bei verschiedenen Vergleichsverkostungen und Prämierungen wie Gault-Millau, À la carte, Destillata und World-Spirits Award im Spitzenfeld erlesener Edelbrände zu finden. Dabei wird ihm von den Verkostern ein enorm breites Aromaspektrum attestiert wie Mandel-, Birnen- und Apfelkerne, Spur von altem Parmesan, Bananenschale, Duft von Ligusterblüte, feine Milchschokolade, Vanilleschote, Zimt, Anis, pochierte Birne, Praline, Kamille, Kümmel, Tannenzapfen …

Den Rest des Tages können Sie zum Bodensee wandern, zuerst über das Naturschutzgebiet Rheindelta nach Rohrspitz, wo Sie sich im Seerestaurant Glashaus stärken und den Blick auf den Bodensee genießen. Hier bietet sich auch die Gelegenheit einen profunden Kenner der alpenländischen Edelbrand- und internationalen Spirituosenszene, Mitbegründer der Spirituosenakademie, WSET (Wine & Spirit Education Trust)–Mitglied und einen exzellenten Verkoster zu treffen, Arthur Nägele. Der Wine & Spirit Education Trust/WSET ist der weltweit führende Anbieter von Qualifikationen im Bereich Weine und Spirituosen.

Er war viele Jahre in einem der drei Swiss Dreams Hotels, im Hotel Walzenhausen tätig, wo er auch einige legendäre Veranstaltungen wie etwa das Erste Alpenländische Whiskyforum oder diverse Schnaps-Verkostertage organisierte. In diesem Hotel gab es – dank Arthur Nägele – auch die größte Whiskysammlung der Schweiz und die größte Auswahl an Schweizer Whiskys. Aber das ist Geschichte, denn das Hotel ist seit 2015 geschlossen und Arthur Nägele geht nun als Trainer und Verkoster für Spirituosen eigene Wege.

Sie könnten zu Fuß am Ufer des Bodensees entlang etwa 13 Kilometer nach Bregenz wandern. Nach dreieinhalb Stunden erreichen Sie die Festspielstadt, wo ich zum Beispiel im Stadtzentrum in der Pension Sonne, einem „bed & breakfast"-Quartier, für zwei Nächte übernachtete.

Ein morgendlicher 30-minütiger Spaziergang führt an der beeindruckenden Seebühne vorbei und endet mit einer Fahrt auf den Pfänder.
Der Hausberg der Bregenzer ermöglicht einen einzigartigen Rundblick über den Bodensee und über unzählige Berggipfel im Dreiländereck Österreich, Deutschland und der Schweiz. Mit der Pfänderbahn fahren Sie bis zur Bergstation circa sechs Minuten. Den Abstieg bewältigen Sie zu Fuß in einenviertel Stunden.

Am Nachmittag gehen Sie wieder zu Fuß, die erste Wegstrecke den Bodensee entlang, Richtung Norden circa sechs Kilometer nach Hörbranz zur Fein-Brennerei Thomas Prinz GmbH. Der Schnaps-Prinz erzeugt seit 1886 mittlerweile in der vierten Generation unter anderem aus den Früchten des Bodenseeufers Edelbrände und Schnäpse mit einem Alkoholgehalt von fruchtigen 34 %vol bis im Hafele gebrannten 45 %vol sowie Frucht-, Creme-Liköre und Frucht-Limes zwischen 15 %vol und 25 %vol.
Geradezu liebevolle Namen tragen die Produkte der fruchtigen Linie, wie Hoadla (Heidelbeerschnaps), Himbeerla, Birnerla, Honig Birnerla, Kirscherla, Erdbeerla, Zwetschgerla, Pfirserla oder Nusserla.
Während die „Alte Sorte" – also die holzfassgereiften Schnäpse – zuerst in Steingutgefäßen 18 bis 36 Monate lagern und anschließend in Holzfässern aus Akazie, Eiche, Kastanie, Kirsche oder Maulbeere weitere 6 bis 24 Monate reifen, werden auch die

Hafele Brände mehrfach unter Vakuum destilliert – ein Brennverfahren, das in Österreich nur einige wenige Brennereien anwenden. Die Brennerei Prinz war die erste, die dieses Verfahren eingeführt hat.

All das, die Kunst und Liebe zum Schnapsbrennen, können Sie bei einem 30- bis 45-minütigen Rundgang durch die Fein-Brennerei kennenlernen. Anschließend haben Sie die Möglichkeit, im Hofladen feine Schnäpse und Liköre zu verkosten und zu kaufen. Der Hofladen ist werktags von 8 bis 18 Uhr und samstags von 8 bis 16 Uhr geöffnet. Verschiedene Führungsformate werden nach vorheriger Anmeldung angeboten. Bevor Sie den Rückweg nach Bregenz antreten, stärken Sie sich noch im angrenzenden Gasthaus.

Nach dem Frühstück fahren Sie mit dem Landbus circa vierzig Minuten Richtung Osten nach Krumbach im Bregenzerwald. Bereits bei der Anreise sollten Sie die Besonderheit dieser Fahrt würdigen, die kreativ gestalteten „Buswartehüsli". Im Rahmen des Kulturprojektes „Bus:Stop", das internationale Architektur mit heimischer Handwerkskunst verbindet, wurden sieben „Buswartehüsli" errichtet, die in einer zweistündigen, zehn Kilometer langen Wanderung bestaunt werden können. Die Buswartehüsli eignen sich auch als besondere Orte, vorzügliche Edelbrände von Elmar Brunn zu verkosten. Elmar Brunn ist ein spätberufener Brenner und betreibt die Herstellung feiner Destillate mit großer Leidenschaft. Mit viel Gespür für die Rohstoffe und die natürlichen Aromen daraus schafft er eine ungemein vielfältige Produktpalette mehrfach ausgezeichneter Edelbrände und Liköre. Mit einem Himbeerbrand, einem Apfelmostbrand Reserve, Traubenbrand Gelber Muskateller und einem Gin hat er es im Rahmen der Falstaff-Verkostung 2017 ganz nach oben geschafft und darf sich nunmehr Edelbrenner des Jahres nennen. Ein Stopp in dem vom Russen Alexander Brodsky gestalteten Wartehüsle, wo Sie am Tisch Platz nehmen und die leere Flasche Wodka gegen eine volle Flasche Nebel, Wälder oder Plum Gin tauschen und gemeinsam mit Elmar Brunn verkosten, wird in bester Erinnerung bleiben.

Von Krumbach fahren Sie mit dem Landbus weiter und tiefer hinein in den Bregenzerwald bis Bizau. Für diese Anreise benötigen sie drei verschiedene Buslinien und knapp eine Stunde Fahrzeit. Hier besuchen Sie das „jüngste Baby" des Masterdestillers und Edelbrandveteranen Bartholomäus Fink.

Bartholomäus „Bartle" Fink betreibt seit Anfang 2018 seine eigene Brennerei. Er war viele Jahre im Traditionshaus der Freihof Destillerie der Familie Hämmerle, in der Feindestillerie Prinz und zuletzt in der Schweizer Macardo Destillerie tätig, wo er auch heute noch als einer der wenigen Destillateur-Meister Österreichs für extravagante Gaumenerlebnisse sorgt. Als vorzüglicher Verkoster ist er gern gesehener Juror bei diversen Edelbrandprämierungen. Er hat gemeinsam mit Arthur Nägele und Ing. Ulrich Zeni im Jahr 2004 die Österreichische Spirituosen Akademie gegründet, die seit 2010 von Arthur Nägele weitergeführt wird. In seiner Brenn-Destillerie kann Bartle Fink seine langjährige Erfahrung als Destillateur-Meister und seine sensorischen Qualitäten im eigenen Unternehmen umsetzen und an die nächste Generation weitergeben.

Sie können im Biohotel Schwanen übernachten, genießen im Esszimmer des Restaurants ein Abendessen der „Wilden Weiber" und verbringen eine erholsame Nacht in einem Traditionsgasthaus.

Gleich nach dem Frühstück machen Sie eine einstündige Wanderung von Bizau nach Bezau, wo Sie das Sennhaus Bezau Oberdorf besuchen und im „Käsladele" Vorarlberger Bergkäse in drei unterschiedlichen Reifegraden (3–6 Monate, 6–9 Monate und 9–15 Monate) verkosten können.

Im Bregenzerwald bietet sich die Gelegenheit, das „weiße Gold" Vorarlbergs, den Alp- und Bergkäse, näher kennenzulernen. Es lohnt sich, in die 2000 Jahre alte Käsegeschichte einzutauchen und eine der 17 Talsennereien zu besuchen. Diese und die 80 Sennalpen bilden das Fundament der Genussregion „Bregenzerwälder Alp- und Bergkäse".

Nach dem kulinarischen Abstecher fahren Sie von Bezau etwa eine Stunde zurück nach Lauterach zum Fruchtsafthersteller Pfanner, der in mehreren Niederlassungen über 800 Mitarbeiter beschäftigt. Ing. Walter Pfanner gewährt interessante Einblicke in das Familien- und Traditionsunternehmen. Die Geschichte des Hauses Pfanner begann vor mehr als 160 Jahren mit einem Gasthof und einer kleinen Brauerei. Schon bald darauf wurden auch Branntweine und feine Liköre hergestellt. Heute ist Pfanner vor allem für seine Fruchtsäfte und Eistees international bekannt. Walter Pfanner widmet sich seit Jahren mit besonderer Leidenschaft der Herstellung außergewöhnlicher Edelbrände. Im Jahr 2005 wurde der erste Single Malt produziert. Hochwertige Sommerbraugerste ist die Basis für circa 15.000 Liter Whisky, die pro Jahr gefüllt werden. Gebrauchte Sherry- und Süßweinfässer sowie regionales Bergquellwasser sorgen für sechs verschiedene, gehaltvolle Whiskys, die mit einem vielschichtigen Duft und herbem Geschmack begeistern. Die Firma Pfanner ist Gründungsmitglied der Austrian Whisky Association (AWA).

In einer urigen Zirbenstub'n werden Pfanner's Edle verkostet, und zwar Birne, Kirsche, Vogelbeere, Marille, Enzian, Rum, Gin und eben Pfanners Whiskys. Nach dem Besuch der Firma Pfanner fahren Sie zurück nach Feldkirch, wo im Hotel-Gasthof Löwen genächtigt werden kann.

## Verkoster-Notizen »Vorarlberger Subirer«

**Riebelmais Whisky**
Privatbrennerei Broger, 6833 Klaus
www.broger.info
Tel: 05523-53546

blumig in der Nase; viel Körper am Gaumen, kraftvoll, Dörraromen, perfektes Holz-Vanillespiel; harmonisch und lang im Finish

**Subirer, vom ganz Guten, 42 %vol**
Privatbrennerei Gebhard Hämmerle, 6890 Lustenau
www.haemmerle.com
Tel: 05577-85955-0

reife, knackige Birne, zitronig; am Gaumen sehr klare, dichte Frucht, harmonisch, animierend und anhaltend. TOP

**Birnenbrand Subirer-Reserve, 44 %vol**
Michelehof/Albert Büchele, 6971 Hard
www.michelehof.at
Tel: 05574-72412

sehr feines Birnenaroma in der Nase; dicht, frisch und fruchtig am Gaumen; sehr schöne Länge; TOP

### Hafele Kirsch Brand, 43 %vol

Fein-Brennerei Thomas Prinz GmbH, 6912 Hörbranz
www.prinz.cc
Tel: 05573-82 203

sehr feines, fruchtiges Aroma in der Nase; auch am Gaumen reife Kirsche; sehr harmonisch mit schöner Länge

### Hafele Enzian Brand, 45 %vol

Fein-Brennerei Thomas Prinz GmbH

fein und fruchttypisch in der Nase; enorme Präsenz und Typizität am Gaumen, erdig, würzig, animierend; unendliche Länge; TOP

### Apfelbrand Platinum, 45 %vol

Elmar Brunn, 6942 Krumbach
Tel: 05513-8589

frischer, feiner Apfel mit dezentem Holz in der Nase; auch am Gaumen fruchttypisch, kräftig, volles Holz; ausgeprägte Harmonie und sehr lange im Abgang; TOP

### Himbeerbrand, 42 %vol

Elmar Brunn

intensive, helle, reife Frucht in der Nase; auch am Gaumen schöne, frische Frucht; perfekte Harmonie, unglaubliche Länge; TOP

### Subirer, der Edle, 40 %vol

Privatdestillerie Pfanner, 6923 Lauterach
www.pfanner-destillate.com
Tel: 05574-6720-0

füllige, fruchtige Birne in der Nase; am Gaumen frisch und fruchtig; harmonisch; schöne Länge

# SCHNAPSROUTE IM TIROLER OBERLAND

### 3. TEILSTRECKE // 4 TAGE

Feldkirch – Landeck – Stanz – Prutz – Fiss – Silz – Rietz – Rum – Wattens – Innsbruck – Absam – Innsbruck – Wien
(781 Bahn-/Buskilometer, 17 Kilometer zu Fuß)

Von Feldkirch geht es mit dem Eurocity oder Railjet eine Stunde nach Landeck. Am Weg ins Brennerdorf Stanz ist vor dem Anstieg auf die Sonnenterrasse eine Stärkung im Lex & Mex zu empfehlen.

Zwetschkenblüte

Den Weg in das Brennerdorf Stanz sollten Sie mit wenig Gepäck bewältigen, denn es wartet ein Aufstieg von über 200 Höhenmetern auf Sie.

> **Tipp**
>
> Alljährlich findet am ersten Sonntag im September das Kultfest „Stanz brennt" statt. Unter dem Motto „Gemütlichkeit wird da empfunden, wo guter Schnaps und der Humor verbunden" öffnen die zahlreichen Schnapsbrenner ihre Tore.

Stanz liegt auf einer Sonnenterrasse, hat 650 Einwohner, 150 Haushalte und 54 Brennereien. Stanz ist für seine mehrfach ausgezeichneten Edelbrände bekannt.

Die Obstgärten auf dem sonnigen Plateau oberhalb von Landeck sind eine Besonderheit, denn die Gemeinden Stanz, Grins und Pians gehören mit etwa 1000 Metern Seehöhe zu den höchstgelegenen Obstanbaugebieten Europas. Hier wächst die Stanzer Zwetschke, die der Region zum Titel „Genussregion Österreichs" verholfen hat.

Für den 2,6 Kilometer langen „Anstieg" sollten Sie eine Stunde einplanen – Foto- und Rastpausen mit eingerechnet. Beinahe bei jedem Haus ist das Schild „Brennerei" angebracht und die knorrigen Ostbäume stehen Spalier. Die erste Stärkung mit Most, einem Zwetschken- und einem Spänlingbrand gibt's in der Giggus Brennerei der Familie Nothdurfter. Giggus ist eine alte, regionale Bezeichnung für Schnaps, genau genommen für „scharfes Wasser". Im Salzkammergut gibt es eine ähnliche alte Bezeichnung: Gingasz.

Neben den beiden ortstypischen Schnäpsen, dem Zwetschken- und dem Spänlingbrand können Sie mit Vater Stefan und Sohn Simon Nothdurfter im Verkostungskeller noch weitere 11 Schnäpse verkosten.

In Stanz steht das Geburtshaus des bedeutendsten Barockbaumeisters Jakob Prandtauer (1660–1727), dem Sie noch öfters auf Ihrer „Schnopsroas" durch Österreich begegnen werden. Das historische Gebäude ist heute im Besitz des Edelbrenners und der Feindestillerie Christoph Kössler.

Bei diesem ist eine hervorragende und herausragende Verkostung Tiroler Edelbrandspezialitäten garantiert. Williams-, Hauszwetschken-, Pflaumen, Spänling-, Quitten-, Marillen-, Vogelbeer-, Enzian-, Traubenkirschen-, Topinambur-, Waldhimbeer-Brand. Alexander Lukas Birnenbrand, diverse Apfelbrände, Whisky, Bierbrand und einige Liköre können als besondere Gustostückerl im kulturhistorischen Baujuwel verkostet werden. Die Produktion erfolgt in einem modernen Zubau, der stilvoll das historische Ambiente ergänzt. Der gläserne Anbau beherbergt eine der imposantesten Destillerien Österreichs. Vier große Edelstahltanks ermöglichen ein kontrolliertes, temperaturgesteuertes Einmaischen und Vergären. Die Hightech-Brennerei sorgt für ein „Spiel mit den Temperaturen" und zaubert elegante und subtile Spitzenbrände hervor.

Abgefüllt in Glasballons und Edelstahlbehälter, wird der Brand unter klimatisch idealen Bedingungen ein bis zwei Jahre gelagert – mindestens. Die eine oder andere Spezialität wartet hochprozentig bereits seit 14 Jahren im Fasslager darauf, in mundgeblasenen Flaschen für den Verkauf vorbereitet zu werden.

Mehr als 160 Gold- sowie Dutzende Silber- und Bronzemedaillen, zahlreiche Tiroler Landessiege, internationale Auszeichnungen und die Bewertung „absolute Spitzenbrände" im Gault-Millau-Guide unterstreichen Kösslers Klasse. Beim World-Spirits Award wurde er in der Kategorie Obstbrand bereits mehrfach als „Distillery of the Year" ausgezeichnet.

Von der Stanzer Sonnenterrasse geht's wieder hinunter nach Landeck und mit dem Regionalbus weiter in die Tiroler Bergwelt ins Kaunertal nach Prutz. Hier, im Tiroler Oberland, liegt umrahmt von einigen Dreitausendern der Turabauerhof von Gerhard Maass. Der Familienbetrieb hat sich dem Früchteanbau und der Feindestillerie verschrieben. Auf 864 Metern Seehöhe finden Sie eine der größten Marillenplantagen Österreichs. Weit über die Grenzen hinaus bekannt ist der Betrieb für seine Fruchtaufstriche, Fruchtliköre und Edelbrände. Mehrfache Auszeichnungen im Rahmen des World-Spirits Award versprechen ein hochprozentiges, fruchtiges Geschmackserlebnis. Neben seiner aromatischen Bergmarille sollten Sie auch Traube, Spänling, Vogelbeere, Orangenblütenmuskateller, Kirsche und Williams verkosten. Rum, Whisky und Gin stehen ebenfalls im Sortiment der Brennerei Maass, die auch für neue Wege in der Feindestillerie offen ist.

Wenn Sie im wildromantischen Kaunertal übernachten wollen, verbringen Sie noch eine Nacht im Hotel Tirol in Fiss, das etwa sieben Kilometer von Prutz entfernt liegt und gut zu Fuß im Rahmen einer Abendwanderung erreichbar ist.

Der Regionalbus bringt Sie in einer dreiviertel Stunde zurück zum Bahnhof Landeck.

Mit dem Regionalexpress fahren Sie etwa eine halbe Stunde weiter nach Silz zum Köbelehof, einer seit mehreren Generationen betriebenen Landwirtschaft. Hier treffen Sie den Referenten für

Obstverarbeitung der Landwirtschaftskammer Tirol, Autor, Vortragenden, Edelbrandexperten, Landwirt und Obstbauern Jakob Ulrich Zeni. Als Mitbegründer der Spirituosenakademie, Ausbildungsleiter, Referent der Edelbrandsommelièrkurse und Inhaber von Zeni's Spirituosenschule ist er weit über die Grenzen hinaus bekannt. Seine fundierte Ausbildung an der HBLA & BA für Obst- und Weinbau, seine Tätigkeit in einem neuseeländischen Weingut und seine langjährige Beratungsfunktion versprechen einen kurzweiligen Aufenthalt am Köbelehof, der auch mit einigen hochprozentigen Überraschungen aufwartet.

Stündlich haben Sie die Möglichkeit einer Verbindung von Silz nach Rietz. Die Fahrzeit beträgt etwa zehn Minuten. Vom Bahnhof in Rietz erreichen Sie nach einem kurzen Fußmarsch Mair's Beerengarten in Bichl. Ein GPS kann dabei sehr hilfreich sein. 1980 wurde die 3 Hektar große Landwirtschaft vorerst mit einer Christbaumkultur in die Eigenbewirtschaftung zurückgeführt. Ab 1988 startet die Familie Mair den Anbau von Beerenobst, hat die Anbaufläche des Betriebes mehr als verdoppelt, kultiviert über 12 verschiedene Obst- ‚vorwiegend Beerenobstsorten und bietet im eigenen Hofladen über 100 verschiedene Produkte an. Mair's Beerengarten ist ein Mitgliedsbetrieb der Genussregion „Oberländer Äpfel". Hier haben Sie die Gelegenheit den Beerengarten zu erwandern und in die Welt des Schnapsbrennens einzutauchen. Während gerade destilliert wird, können Sie Boskoop-Äpfel, Marillen, Kirschen, Zwetschken, Quitten, Holunder, Holunderblüten, schwarze Johannisbeere, Erdbeere, Stachelbeere, Himbeere, Vogelbeere, Heidelbeere und Brombeere hochprozentig verkosten.

Der letzte Stopp an diesem Tag ist in Rum. Stündlich kommen Sie von Rietz über Innsbruck hierher und benötigen dafür mit der S-Bahn, dem Regionalbus und zu Fuß insgesamt etwa eine Stunde. Als Quartier ist der Huberhof zu empfehlen – nicht zuletzt deshalb, weil er sich in unmittelbarer Nachbarschaft zum Garagenbrenner Max Lechner befindet. Der pensionierte Polizist hat eine kleine, aber feine Brennerei und ist ein Spezialist für alle hochprozentigen Äpfel – aber nicht nur. Nach einer rekordverdächtigen Verkostung von Williams, Steinobstcuvee, Pfirsich, Marille, Zwetschke, Trester, vielen bekannten und weniger bekannten Äpfeln, Mostgeläger, Obstweinbrand, Weinbrand, Vogelbeere und Met-Brand warten im Huberhof wohlschmeckende Schlutzkrapfen und eine erholsame Nachtruhe.

Rum liegt gerade einmal fünf Busminuten von Innsbruck entfernt. Mit dem ersten Shuttlebus fahren Sie von Innsbruck zu den fantasievollen, fabelhaften Kristallwelten nach Wattens. Bestens organisiert kommen Sie per Shuttle wieder zurück nach Innsbruck. Bei einem Stadtbummel durch die Innsbrucker Altstadt lernen Sie neben einem einzigartigen Strudellokal auch ein einzigartiges Spirituosenlokal mit dem Namen „Tirol genießen" kennen. Auch die von der Stararchitektin Zaha Hadid geplante Bergiselschanze ist – jedenfalls von Juni bis Oktober – einen Besuch wert.

Innsbruck ist auch das Stichwort für einen weiteren kulturellen Höhepunkt: die Musikformation „Herbert Pixner Projekt" hat ihren Sitz in Innsbruck und ist immer wieder einen Besuch wert. Das aus Süd-, Osttirol und Italien stammende Musikergespann spielt „finest handcrafted music from the alps", die sich bestens als musikalischer Reisebegleiter eignet. Egal, wo Sie gerade unterwegs sind, diese Alpen-Weltmusik ist weit über Tirols Grenzen live zu hören und passt auch in virtueller Form gut in den Wanderrucksack.

Über Rum geht's weiter mit dem Regionalbus etwa 30 Minuten nach Absam zum Edelbrandsommelièr, Gastwirt und Bierbrauer Arno Pauli.

Das Schnapsbrennen hat im Hause Ebner Tradition. Seit vier Generationen zählt dieser Erwerbszweig zu einem wichtigen Standbein. Ursprünglich wurde hauptsächlich für den Gastbetrieb produziert. Die steigende Nachfrage nach hoher Qualität, die durch zahlreiche nationale und internationale Auszeichnungen dokumentiert wird, hat auch den Verkauf außerhalb der Gaststätte angekurbelt.

Arno Pauli begann 1996 mit dem Schnapsbrennen, besuchte zuerst Brennkurse der Landwirtschaftskammer Tirol, übernahm 2004 die Brennerei seines Schwiegervaters und absolvierte eine profunde zweijährige Brenner-Ausbildung in Deutschland (Offenburg). Schließlich hat er seine Sensorik bei Destillata- und World-Spirits-Award-Schulungen trainiert und ist seit 2006 Mitglied verschiedener Verkoster-Kommissionen bis hin zum Jury-Mitglied der „International Wine and Spirits Competition" in London.

Sie haben beim Bierbrauer, Schnapsexperten und Verkosterprofi die seltene Gelegenheit, eine Bier- und Schnapsverkostung zu erleben, mit kurzweiligen und humorvollen Erläuterungen das Gär- und Brennverfahren näher kennenzulernen und in das Aromaspektrum seiner Edelbrände einzutauchen.

Bevor Sie diese Herausforderung annehmen, sollten Sie ein gemeinsames, gemütliches Abendessen genießen, um nach einer Brauereiführung in der Zirbenstube das Ebner'sche Biersortiment und die hervorragenden Edelbrände zu verkosten, etwa den Signum-Apfelbrand der Tiroler Edelbrandsommelièrs, den Gravensteiner Apfel-, den Williamsbirnen-, den Zwetschken-, den Himbeer-, den Vogelbeer-, den Bier-, den Malz-, den

Enzian-, den Zirben-, den Trester-, den Gamot (Bergamotte)-Brand, den Abs(amer)whisky, den Rum und den Meisterwurz.

Hier würde sich eine Teilung der „Tiroler Schnapsroute" anbieten. Sie sind elf Tage unterwegs und für die restlichen Stopps in Tirol sind weitere acht Tage einzuplanen.

Am nächsten Tag fahren Sie wieder mit dem Regionalbus nach Innsbruck, dann geht's entweder zurück zum Ausgangspunkt nach Wien oder einfach weiter. Der Railjet bringt Sie in knapp über 4 Stunden in einer direkten Verbindung zum Wiener Hauptbahnhof (und wieder zurück zum Ausgangspunkt Innsbruck).

## *Verkoster-Notizen »Tiroler Oberland«*

**Edelbrand Stanzer Haus Zwetschke 2011, 41 %vol**

Feindestillerie Christoph Kössler, 6500 Landeck
www.edelbraendetirol.at
Mobil: 0664-42 31 560

sehr deutlich pfeffrige Frucht mit Kernton; auch am Gaumen würzig, vielschichtig und mit leichtem Bitterton; schöne Länge

**Edelbrand Bier aus dem Eichenfass 2007, 43 %vol**

Feindestillerie Christoph Kössler

sehr feine Bieraromen in der Nase; bleibt am Gaumen fruchtig mit sehr feinem Holz-Vanillespiel; sehr harmonisch animierend; schöne Länge; TOP

**Tiroler Bergmarille, 40 %vol**

Gerhard Maass „Turabauer", 6522 Prutz
www.maass-brand.at
Tel: 0650-5227717

reife, frische Marille in der Nase; am Gaumen sehr klare Frucht, leicht herb und zart bitter; harmonisch, animierend mit dauerhaftem Abgang; TOP

**Spänling, Wildpflaume, 40 %vol**

Gerhard Maass

wunderschöne, klare, blumige Frucht in der Nase; am Gaumen wieder deutlicher Fruchtcharakter mit feinem, bitterem Kernton; harmonisch, animierend mit schöner Länge; TOP

**Goldener Apfel, Edelbrand, 43 %Vo.**

Mair's Beerengarten, 6421 Rietz
www.mairs-beerengarten.at
Tel: 05262-65317

sehr feingliedrig, fruchtig, ausgewogen in der Nase; am Gaumen fruchtig mit Holz, sehr harmonisch mit schöner Länge; TOP

**Tiroler Obstler, 43 %vol**

Max Lechner „Purnerweindl", 6063 Rum
www.purnerweindl.rum.at
Mobil: 0664-376 3660

sehr feine, würzige Apfel- Birnenaromatik; auch am Gaumen feingliedrig, fruchtig; schöne Länge und sehr harmonisch

**Meisterwurz echte Handarbeit, 41 %vol**

Arno Pauli, 6067 Absam
www.gasthofebner.at
Tel: 05223-57923-3

erdig, würzig in der Nase; setzt sich am Gaumen etwas verhaltener fort; einzigartige, vielschichtige Aromen; insgesamt harmonisch mit schöner Länge

Wilder Kaiser in Tirol

# SCHNAPSROUTE IM TIROLER UNTERLAND

**2. ROUTE // 8 TAGE**

Wien – Fritzens – Kolsassberg – Schwaz – Achensee – Hippach – Kramsach – Wildschönau – Brixen im Thale – Schwoich – Wien

(1181 Bahn-/Buskilometer, 33 Kilometer zu Fuß)

Oder Sie setzen die Tiroler „Schnopsroas" fort und fahren von Innsbruck etwa 20 Minuten nach Wattens zu Ihrem nächsten Ziel, zur Brennerei Rochelt in Fritzens.

Die im Industriegebiet gelegene Brennerei ist eine kleine Oase, die mit viel Liebe zum Detail gepflegt wird. In den 1990er-Jahren begann hier Günter Rochelt, basierend auf seinem Erfahrungsschatz, als Hobbybrenner professionell Edelbrände herzustellen. Seit 2003 stand Schwiegersohn Alexander Rainer an Günter Rochelts Seite, um die Geheimnisse unmittelbar vom Brennmeister kennenzulernen. 2009 verstarb Günter Rochelt. Der Betrieb wird seit dieser Zeit von der nächsten Generation, seinen Töchtern Julia, Annia und Teresa sowie von Schwiegersohn Alexander Rainer weitergeführt.

Rochelts Verdienst war, starke Edelbrände im klassischen Stil mit moderner Brenntechnik herzustellen. Ein Mindestalkoholgehalt von 50 %vol und eine bis zu zehnjährige Lagerdauer verleihen Rochelt-Schnäpsen eine außergewöhnliche Intensität und Dichte.

Dass nach über zehn Jahren diese ursprüngliche, alkoholstarke Ausprägung in Form der Zigarrenbrände und der Strong

Spirits ein Comeback feiert, sollte all jene motivieren, die sich konsequent und aus Überzeugung abseits vom Mainstream bewegen. Bei der Führung mit Alexander Rainer ist der Besuch des Schnaps-Lagers am Dachboden des Hauses einer der vielen Höhepunkte, die mit der Verkostung eines Roten-Williams-Birnen-, eines Quitten-, eines Gravensteiner Apfel-, eines Schlehen-, eines Basler Kirsch-, eines Pflaumen- und eines Hollerbrandes einen krönenden Abschluss findet.

Noch eine Besonderheit: Rochelt-Schnaps wird meist in Holzkästchen verpackt. Diese Kästchen oder „Kasteler" (sprich: „Kaschtela") erinnern an jenen Aufbewahrungsort in Tiroler Bauernstuben, in denen früher die Mädchen den Schnaps für besonders mutige, „fensterlnde" Burschen bereithielten.

Sie wechseln die Talseite, gehen von Fritzens etwa zehn Minuten zurück nach Wattens, wo Sie eine kurze Strecke (drei Haltestellen) bis Kolsass weiterreisen.

Von Kolsass wandern Sie circa eine halbe Stunde hinauf nach Kolsassberg, wo der Besuch oder eine gemütliche „Hoagascht" bei einem weiteren Edelbrandsommelièr am Programm steht. In Kolsassberg ist auf 650 m Seehöhe die „vergoldete" Brennerei von Toni Rossetti zu bewundern. Der Gründungspräsident der Tiroler Edelbrandsommelièrs ist seit über 20 Jahren passionierter Schnapsbrenner, mehrfacher Tiroler Landessieger und beheizt seine Brennerei mit Solarenergie und Holz. Dem geduldigen Bestreben, schmackhaftes, heimisches Obst in trinkbare, geschmackvolle Kostbarkeiten umzuwandeln und das Beste herauszuholen, ist Toni Rossetti stets treu geblieben. Die Brennerei in der Verkosterstube ermöglicht, live beim Brennen dabei zu sein und Rossettis Produktpalette durchzukosten, darunter Jonagold Apfel-, Zwetschken-, Meisterwurz-, Vogelbeer-, fassgelagerter Weizenbrand, Whisky und Rum im Fass gelagert.

Von Kolsassberg geht's wieder hinunter nach Kolsass, wo Sie den ereignisreichen Tag im Hotel Rettenberg ausklingen lassen können.

Nach dem Frühstück geht es mit dem Regionalbus etwa eine halbe Stunde nach Schwaz, wo ein Besuch des größten Silberbergwerks des Mittelalters am Programm stehen sollte. Die ersten 800 Meter begeben Sie sich mit der Grubenbahn ins Berginnere, um anschließend bei konstanten 12 °C und pollenfreier Luft eine 90-minütige Führung zu erleben, die erahnen lässt, wie mühsam der Bergbau war.

Von Schwaz sind es mit der S-Bahn zwei Stationen bis Jenbach. Dort können Sie entweder mit einer abenteuerlichen Fahrt mit der Achenseer Zahnradbahn oder mit dem Bus die Weiterreise nach Maurach am Achensee antreten. Der Achensee ist der größte (und kälteste) See Tirols und wird auch „Meer der Tiroler" genannt.

Ich habe im Hotel St. Georg zum See eingecheckt. Mit einem vorzüglichen Mittagessen und einem Kaffee-Geist von der Destillerie Kostenzer stieg die Vorfreude auf das, was mich erwartete.

Unmittelbar neben dem Hotel liegt die moderne, einladende Achenseer Edelbrennerei von Irmi und Franz Kostenzer. Seit 1998 dreht sich im Hause Kostenzer alles um den Schnaps. Als „Newcomer des Jahres" im Rahmen der Destillata 2005, einem dritten Gesamtrang bei der Destillata 2008 und wiederkehrenden Auszeichnungen bei À la carte und World-Spirits Awards konnte die Achenseer Edelbrennerei ihr Streben nach Perfektion und höchster Qualität mehrmals und eindrucksvoll unter Beweis stellen.

Von dieser Perfektion können Sie sich bei einer Führung durch die Erlebnisbrennerei ein Bild machen. So lädt der Brennraum mit einer gemütlichen Sitzecke ebenso zum Verweilen ein wie der großzügig gestaltete Verkaufsraum, der den ausgezeichneten Produkten genügend Platz bietet. Das Fass-Lager gibt nicht nur einen Einblick in die Besonderheit der speziellen Lager- und Veredelungsform, sondern lässt auch erahnen, welche hochprozentigen Schätze hier heranreifen. Brennereiführungen werden zu einem Fixtermin (jeden Donnerstag um 17.00 Uhr) ein Mal pro Woche gegen Voranmeldung angeboten.

Achensee

Die Achensee'r Edelbrennerei bietet 70 verschiedene Edelbrände, Schnäpse, Geiste, Spirituosen, Liköre und seit 2009 auch Whisky an. Sie ist Mitglied der 2012 gegründeten Austrian Whisky Associaton.

Mit dem Quellwasser des Rofan- und Karwendelgebirges wird der Whisky auf Trinkstärke gesetzt. Seine Whisky-Alpin-Selektion umfasst 9 Whiskys mit verschiedensten Ausbauarten. Zudem gibt es sehr kreative Wacholderspirituosen, die mit einem Himbeer-, einem Wildkirsch-/Kirschlikör oder einem Marillendestillat verfeinert werden. Die Verkostung findet in einem stimmigen Ambiente mit Blick auf den Achensee statt. Zum Degustieren gibt es zum Beispiel einen wunderbaren Elstar-Apfelbrand, einen Mirabellen-, Zwetschken-, Williamsbirnen- und Kirschbrand sowie einen Doppelbock Bierbrand.

Zum Ausgleich können Sie eine Fahrt mit der Rofan-Seilbahn, eine Wanderung zu einer der Almhütten im Rofan-Gebirge, eine Wanderung entlang des Achensees und eine Rückreise mit dem Schiff einplanen.

Sie verlassen Maurach mit dem Bus, fahren bis Jenbach und mit der Zillertalbahn weiter nach Hippach. Sie haben im Halbstundentakt eine gute Verbindung ins Zillertal. Die Fahrzeit von Jenbach bis Ramsau/Hippach beträgt eine Stunde und 20 Minuten. Insgesamt sollten Sie für die Anreise vom Achensee ins Zillertal dreieinhalb bis vier Stunden einplanen.

Vom Bahnhof Ramsau im Zillertal/Hippach bis zum Stiegenhaushof und zur Schaubrennerei von Martin und Kathrin Fankhauser gehen Sie circa 20 Minuten. Hier erwarten Sie Tiroler Gemütlichkeit und eine große Auswahl an Edelbränden und Likören.

Der Hofname „Stiegenhaushof" geht auf den Urgroßvater von Martin zurück, der neben seinem Amt als Bürgermeister und der Arbeit am Hof noch Zeit fand, mit seinem Sohn in den umliegenden Häusern Treppenhäuser zu bauen. Diese werden landläufig auch als Stiegenhäuser bezeichnet.

Die Fankhausers sind Vollerwerbsbauern mit Leidenschaft. Über 100 Auszeichnungen für Edelbrände und Liköre und auch Prämierungen für die Schafzucht zeigen einmal mehr, dass Begeisterung und Kompetenz die besten Voraussetzungen sind, um erfolgreich zu sein.

Eine gute Basis für das reichhaltige, hochprozentige und süße Sortiment bildet ein besonderes Brennrecht, das „Maria Theresianische Brennrecht" (siehe Seite 211).

Der Edelbrandsommelièr Martin Fankhauser begleitet Sie humorvoll durch eine Auwahl erlesener Edelbrände und Liköre. Edelobstler, Alte Zwetschke, Gute Luise, Rote Williams, Marille, Quitte, Schlehe, Vogelbeere und Weichsel sind ebenso zu empfehlen wie der Waldbeer-, Weichsel-, Marillen-, Himbeer- und Erdbeerlikör.

Vom Stiegenhaushof gehen Sie etwa 20 Minuten zur Schnapsbrennerei von Angelika und Markus Spitaler am Schwendberg, direkt an der Zillertaler Höhenstraße gelegen. Markus Spitaler wurde 2012, 2014 und 2017 im Rahmen der Destillata zum Edelbrenner des Jahres in Silber und zwei Mal in Bronze gekürt und ist ein Freund und Schilehrerkollege von Martin Fankhauser. Nach der ausgiebigen Verkostung im Stiegenhaushof sollten noch Zeit und Kraft sein, auch hier das reichhaltige Sortiment, jedenfalls die hochprämierte Zwetschke, Williams und Traube und die drei echten Zillertaler, Obstler, Zirbe und Meisterwurz, zu genießen.

Nach diesem Verkostungsmarathon sollten Sie in Hippach Quartier beziehen und sich für die letzte Etappe der Tiroler Schnapsroute in den Osten Tirols erholen. Angebote an erstklassigen Hotels gibt's genug, etwa das Hotel Sieghard, Hotel Bergkristall, Hotel Alpenblick, Hotel Gletscherblick oder das Hotel Neuwirt.

Mit der Zillertalbahn geht's am Morgen wieder zurück nach Jenbach, dann den Inn entlang mit der Bahn Richtung Kufstein etwa zehn Minuten bis Brixlegg, dann weiter mit dem Bus circa zehn Minuten bis Kramsach, wo Sie direkt vor dem Tiroler Bauernhöfe Museum aussteigen. Auf einer Fläche von 8,5 Hektar führt ein 3,2 Kilometer langer Rundwanderweg zu insgesamt 37 historischen Gebäuden. Mit Video-Installationen, begehbaren Pavillons und vielen Schautafeln bekommen Sie Einblick in die Geschichte dieser Höfe.

Nach dieser Reise in die Vergangenheit Tirols stärken Sie sich im Rohrerhof, einem gleich neben dem Museumseingang gelegenen Wirtshaus aus dem 16. Jahrhundert. Vom zarten Lamm über feine Wildgerichte bis zu Schwammerlspezialitäten finden Sie hier ein reichhaltiges Angebot Tiroler Genusstraditionen.

Weiter geht die Reise mit dem Bus nach Brixlegg, mit der Bahn nach Wörgl und wieder mit dem Bus nach Wildschönau. Für die Anreise in die Wildschönau sollten Sie etwa eineinhalb Stunden einplanen.

Die Wildschönau liegt inmitten der Kitzbühler Alpen, bietet ein Ski- und Wanderparadies in einem der schönsten Hochtäler Europas und ist bekannt für eine kulinarische Besonderheit, den Krautrübenschnaps oder „Krautinger". Er wird aus der weißen Stoppelrübe hergestellt. Die Wildschönauer Krautinger-Rübe hat 2006 der Region zur Genussregion verholfen.

Die im Sommer und Herbst geerntete Rübe wird gründlich gewaschen, zu einem Brei verarbeitet und ausgepresst. Der Rübensaft wird auf ein Drittel eingekocht mit Hefe angesetzt und nach fünf Tagen destilliert. Das Ergebnis: unvergleichbar und einzigartig im Geschmack und im Geruch, krautig, erdig mit langem Nachhall.

Ein Mal im Jahr (Anfang Oktober) wird im Rahmen der Krautinger-Woche diese regionaltypische Besonderheit gefeiert.

Von den zwölf aktiven Krautinger-Brennern, fünf davon mit dem Namen Thaler, fiel meine Wahl auf Josef Thaler, wo Sie auch Quartier beziehen könnten. Der Steinerhof liegt am Ortsanfang von Oberau/Wildschönau auf 936 m Seehöhe und verfügt über eine gemütliche Pension mit Landwirtschaft (Springpferdezucht und Rübenanbau für den „Krautinger-Schnaps").

Am nächsten Tag geht es mit dem Bus wieder zurück nach Wörgl und mit der Bahn circa 30 Minuten über Hopfgarten und Westendorf nach Brixen im Thale zur Erber GmbH. Diese größte Destillerie und Schaubrennerei Tirols liegt inmitten der Kitzbühler Alpen, blickt auf eine 400-jährige Firmengeschichte zurück und ist damit auch die älteste Brennerei Tirols. Jährlich werden 400 bis 500 Tonnen Maische verarbeitet. Das Obst dafür wird vorwiegend aus Nord- und Südtirol angeliefert. Dem Brennmeister Christian Schmid ist es zu danken, dass Erber-Schnäpse in den letzten Jahren zahlreiche Prämierungen erhielten. Es lohnt sich also, einige dieser ausgezeichneten Schnäpse zu verkosten, etwa den Kaffee-Geist, den Johannisbeerbrand, den Pflaumenbrand, den Heidelbeerbrand, den Schlehenbrand, den Weichselbrand, den Gala Apfelbrand im Holzfass gelagert, den Kräuterbitter, den Kräuterlikör, den Zirbenlikör und den Nusslikör. Aber am besten, Sie überzeugen sich selbst.

» VIDEO
Manfred Höck – Von Baumschnitt bis Edelbrand

Es geht wieder zurück mit der Bahn nach Wörgl und mit dem Regionalbus über Kirchbichl und Bad Häring zur letzten Station in Tirol, nach Schwoich. Montag bis Freitag fährt stündlich ein Bus, der Sie in circa einer halben Stunde auf die „Höhe" bringt. An Samstagen, Sonn- und Feiertagen haben Sie nur fünf bis sechs Mal pro Tag die Möglichkeit, diese Strecke mit dem Bus in beide Richtungen zu bereisen.

Hier steht zuerst ein Besuch der Crownhill Destillerie der Familie Höck auf dem Programm. Crownhill bezieht sich auf den Hof-Namen „Kronbühel" und auf die besondere Lage des Hofes, der zwischen Wald und Wiesen eingebettet ist und zu jeder Jahreszeit einen fantastischen Blick in die gepflegte Kulturlandschaft des Tiroler Unterlandes ermöglicht.

Der ausgebildete Edelbrandsommelièr Manfred Höck verfügt über ein reichhaltiges Sortiment von eichenfassgelagerten Apfel- und Birnenbränden, Kirsche, Zwetschke, Marille, Wacholder, Himbeere, Vogelbeere, Geisten, Likören und einem Whisky, Gin und Rum.

Bevor Sie Schwoich und Tirol verlassen, sollten Sie noch Tirols „Bieranarchisten" und die erste, 2014 gegründete Tiroler Craft Brewery „Bierol" besuchen. In den Räumlichkeiten eines Gasthauses brauen Christoph, Maximilian und Marko mit großer Leidenschaft kreative Gerstensäfte.

Die Tiroler Schnapsroute ist im Internet zu finden. 41 landwirtschaftliche Brenner werden in einem Kurzvideo vorgestellt. Zehn davon habe ich Ihnen geschildert und möglicherweise finden Sie noch den einen oder anderen Edelbrenner, für den Sie Ihren Aufenthalt in Tirol verlängern.

Mit dem Regionalbus (selbe Linie wie bei der Anreise) fahren Sie weiter nach Kufstein. Die Fahrtdauer beträgt circa 20 Minuten. Von Kufstein erreichen Sie in etwa vier Stunden Wien.

## *Verkoster-Notizen »Tiroler Unterland«*

**Gravensteiner Apfel, 50 %vol**
Brennerei Rochelt, 6122 Fritzens
www.rochelt.com
Tel: 05224-52462

intensiver, reifer Apfel in der Nase; am Gaumen wieder fruchtig, fest, druckvoll; sehr harmonisch; Nachhall ohne Ende; TOP

**Rote Williams, 50 %vol**
Brennerei Rochelt

sehr reife, frische Frucht in der Nase; fruchtig und wuchtig am Gaumen; harmonisch mit sehr schöner Länge

**Basler Kirsche, 50 %vol**
Brennerei Rochelt

sehr füllige, reife Frucht in der Nase; wieder druckvolle, fleischige Frucht am Gaumen, Bittermandl, Schoko; ausgeprägte Harmonie; sehr schöne Länge; TOP

**Zigarrenbrand, Bockbierbrand fassgelagert,
100 % Destillat, 45 %vol**
> Edelbrennerei Franz Kostenzer, 6212 Maurach
> www.schnaps-achensee.at
> Tel: 05243-5795

sehr frische, deutliche Bier-Röstaromen; am Gaumen wieder viel Bier und deutliche Röstaromen, Vanille; druckvoll, harmonisch; schöne Länge

**Edelobstler, 40 %vol**
> Stiegenhaushof Schnapsbrennerei, 6283 Schwendau
> www.stiegenhaushof.at
> Mobil: 0664-1983150

frischer Apfel, knackige Birne, aber auch Steinobst in der Nase; auch am Gaumen sehr dichte, erfrischende, vielschichtige Obstaromen, dezenter Kernton; überaus harmonisch mit toller Länge

**Williams Edelbrand, 40 %vol**
> Schnapsbrennerei Spitaler, 6283 Hippach
> www.hausspitaler.at
> Tel: 05282-4178

wuchtiges, reifes Birnenaroma in der Nase; auch am Gaumen frische, reife Frucht; sehr harmonisch mit überaus langem Nachhall; animierend

**Weizenbrand fassgelagert, 39 %vol**
> Rossetti „Kalzhof", 6115 Kolsassberg
> www.rossetti.at
> Tel: 05224-67510

sehr klare Getreidenote, frisches Mehl; gute Balance am Gaumen, Vanille, Weizenmehl; sehr harmonisch; animierend, sehr schöne Länge; TOP

### Wildschönauer Krautinger, 43 Vol%,

Steinerhof Thaler, 6311 Oberau
www.steinerhof.net
Tel: 05339-2117

wuchtiges, intensives, frisch geschnittenes Kraut in der Nase; wird am Gaumen geschmeidiger, aber wieder intensiv und erdig; vollendete Harmonie und unglaubliche Länge; TOP

### Signum aus erlesenen Apfelsorten,
### Tiroler Edelbrandsommelièrs, 40 %vol

Brennerei Höck „Kronbühelhof", 6334 Schwoich
www.edelbrandbrennerei.at
Mobil: 0664-3657565

sehr feiner frischer Apfel mit dezenter Vanille; auch am Gaumen sehr fruchtig und nach dezentem Holz, sehr harmonisch, schöne Länge; TOP

### Schwarzer Johannisbeer, Premium Edelbrand, 40 %vol

Erber GmbH, 6364 Brixen im Thale
www.erber-edelbrand.com
Tel: 05334-8107

dezent, würzig und fruchtig im Geruch; am Gaumen sehr deutliche Fruchtaromen, dunkle Beeren, frisch und würzig; langer Nachhall

### Pflaume Premium Edelbrand, 40 %vol

Erber GmbH

sehr klare, reife Frucht; am Gaumen wieder fruchttypisch, pfeffrig, fleischig; harmonisch, schöne Länge

# SALZBURGER „VÖGEI"

**3. ROUTE // 7 TAGE**
Wien – Salzburg – Hinterglemm – Saalfelden – Zederhaus – Hallein – Mattsee – Weyregg – Abersee – Gschwendt – Bad Ischl – Hallstatt – Mandling – Wien
(1346 Bahn-/Buskilometer, 12 Kilometer zu Fuß)

Vor der nächsten Tour, die Sie in das Bundesland Salzburg führt, stellt sich einmal mehr die Frage nach der Herkunft des besten Vogelbeerschnapses. Jedenfalls gelten sowohl der Tiroler Vogelbeer als auch der Salzburger „Vögei" als Lebenselixier und beliebtes Volksheilmittel. Und so viel vorweg: Die Frage wird auch hier nicht geklärt.

Vogelbeere

Echter Vogelbeeredelbrand ist schwer erhältlich und sehr teuer, wobei er in einer guten Qualität allemal seinen Preis wert ist. Dazu sollte man wissen, dass der Brenner, egal ob Tiroler oder Salzburger, aus 100 Liter Vogelbeer-Maische nur maximal eineinhalb Liter trinkfertigen Vogelbeer-Brand destilliert.

Die Anreise nach Hinterglemm erfolgt mit der Bahn von Wien über Salzburg nach Zell am See und weiter mit dem Bus bis Hinterglemm. Inmitten der Salzburger Bergwelt, im Schiparadies Hinterglemm, liegt am Ende des Glemmtales eine der schönsten und produktivsten Edelbrand- und Likörmanufakturen Österreichs: die Edelschnapsbrennerei von Monika und Bartl Enn. Bartl Enn hat sich regelmäßig mit seinem Salzburger Brennerkollegen Sigi Herzog um den besten Vogelbeerschnaps und das Goldene Stamperl bei der Ab-Hof-Messe in Wieselburg gematcht.

Monika und Bartl Enn haben ihr gemeinsames Hobby in nunmehr 20 Jahren mit dem Hang zur Präzision und zur höchsten Qualität zu einem ertragreichen Gewerbe im Haupterwerb vorangetrieben. Ihr Bemühen um jene Qualität, die Touristen des Glemmtales, Liebhaber edler Brände und Verkoster gleichermaßen schätzen, hat ihnen über 200 Medaillen bei nationalen und internationalen Verkostungen eingebracht. Diese Auszeichnungen verteilen sich auf Peter Hämmerles A-la-Carte-Verkostung, Vene Maiers Best-of-Schnaps-Prämierung, Wolfram Ortners World-Spirits Award und auf zahlreiche Destillata-Auszeichnungen. 2004 erhielten sie den Titel „Newcomer des Jahres", 2010 erreichten sie den 2. Gesamtrang bei der Destillata und 2013 wurde sie als erste Salzburger Brennerei als World Class Distillery im Rahmen des World-Spirits Award ausgezeichnet.

Den sportlichen Ehrgeiz teilen die Enns mit dem ehemaligen Schirennläufer, mehrfachen Gewinner von Weltcuprennen

(Spezialdisziplin Riesentorlauf), Bronzemedaillengewinner bei den Olympischen Winterspielen 1980 in Lake Placid, Hotelier in Hinterglemm und Bartls Cousin Hans Enn.

Mit dem Grundsatz „Lieber halb so viel, dafür doppelt so gut" verfolgen Monika und Bartl Enn sehr konsequent ihre Qualitätsschiene. Die meisten ihrer Edelbrände tragen zudem als Qualitätsgarantie ein Koscher-Zertifikat. „Koscher" bedeutet hier so viel wie „rein" und gewährleistet, dass die Früchte ganz bestimmten Kriterien einer sauberen Ernte unterliegen. So wird nur Obst bezogen, das von Hand gepflückt wurde, um eine Verunreinigung durch Bodenkontakt auszuschließen.

Das hochprozentige Sortiment der Enns reicht von sortenreinen Apfel-, Birnen- und Quittenbränden über die Klassiker Weichsel, Kirsch, Marille und Zwetschke, fassgelagerte Spezialitäten, Beerenbrände bis zu fassgelagertem Rum aus Bio-Zuckerrohrmelasse, Zitronengrasgeist, Pistazienschnaps, Haselnussschnaps, Kräuterbitter, Apfel-Enzianbrand, EnnGin und zahlreichen (25!) Likören.

Von der Familie Enn geht's wieder zurück mit dem Bus durch das Glemmtal bis Maishofen, nach ein Mal Umsteigen weiter Richtung Norden nach Saalfelden zu Siegfried Herzog jun. Die Brennerei und Landwirtschaft der Familie Herzog liegt etwa vier Kilometer außerhalb von Saalfelden in Breitenbergham. Das „jun." bezieht sich nicht auf das jugendliche Alter des „Keilbauern". Dieser Hof besteht bereits seit 400 Jahren und wurde in mehreren Generationen zu dem aufgebaut, was er heute ist: eine Landwirtschaft mit 18 Hektar genutzter Fläche, eine über die Landesgrenzen hinaus bekannte und erfolgreiche Brennerei und ein Direktvermarkter, dessen Produkte ab Hof sowie auf Bauernmärkten angeboten werden.

Eine abendliche Verkostung im Rahmen der angebotenen Packages „Pinzga Schmankerl" oder „s'Herzog Bradl" mit dem vierfachen Destillata-Sieger lohnt sich allemal. Heumilchkäse, Hirschwürstel, Speck, Aufstriche, Bauernbrot oder der Schweinsbraten mit Knödel und Kraut sind eine gute und hoffentlich ausreichende Grundlage, einen Teil des Sortiments von knapp 40 Edelbränden und Likören vom Alten Apfel bis zum Zirben-Schnaps zu verkosten.

Zur Nächtigung ist der Oberhaslinghof zu empfehlen, ein Biobauernhof, etwa 15 Gehminuten von Herzogs Destillerie entfernt.

Eine Reise in den Lungau steht als nächste Etappe am Programm. Von Breitenbergheim geht's am nächsten Tag zu Fuß eine halbe Stunde zurück nach Saalfelden. Mit dem Bus setzen Sie die Reise eineinhalb Stunden fort nach Radstadt und wieder mit dem Bus eine dreiviertel Stunde nach Mauterndorf.

Hier lohnt sich ein Zwischenstopp, um Trausners Genusswerkstatt zu besuchen. Der gelernte Koch und Konditor Walter Trausner, ein guter Bekannter in der Edelbrennerszene, verarbeitet mit Unterstützung seiner Frau Eva-Maria und seinem Team verschiedenste Früchte zu Marmeladen. Seit einigen Jahren werden in der Genusswerkstatt auch die Wurzeln des Gelben Enzians unter dem Namen „Enzo Alpin" zu Sirup, Limonade und Likör veredelt. (Alpen)kräuter in der Nase und bittere, fruchtige, zitronige Aromen am Gaumen kennzeichnen dieses alpine Erfrischungsgetränk.

Eine weitere gute Stunde fahren Sie mit dem Bus nach Zederhaus. Für die Anreise von Saalfelden sollten Sie knapp sechs

Stunden einplanen – den Aufenthalt in Mauterndorf mit eingerechnet. Im Ortszentrum von Zederhaus liegt auf 1200 m Seehöhe der Biobetrieb von Gabi und Matthias Moser. Seit 1995 verarbeitet der „Müllnerbauer" Kernobst, Steinobst, Beeren, Getreide, Trauben, Trester, Wein, Wurzeln und Knollen zu feinen, hoch prämierten Edelbränden und Likören. Zum Verkosten warten auf Sie etwa der Topaz Apfelbrand, der Apfelbrand im Holzfass „Barrique Cigar", der Zwetschkenbrand, der Kriecherlbrand, der Waldhimbeerbrand, der Kornbrand aus Roggen, der Single Malt Whisky, der Zirbenlikör und -geist sowie der Eachtleng – ein Edelbrand aus Biokartoffeln, quasi ein Lungauer „Wodka". Der Bezirk Tamsweg gilt als Kartoffelhochburg Salzburgs und ist seit 2005 die Genussregion „Lungauer Eachtling".

Auffallend kreativ gestaltet sind die Etiketten des Moser'schen Edelbrandsortiments. Dahinter steht ein wahrer Allroundler, der Lungauer Künstler Reinhard Simbürger. Er ist auch Instrumentenbauer und Musiker der siebenköpfigen Lungauer Kultband „Die Querschläger". Alte Volkslieder neu interpretiert, Blues und Rock´n Roll werden in mitreißenden Konzerten auf die Bühne gebracht.

Nach einer Nächtigung beim Kirchenwirt in Zederhaus fahren Sie am nächsten Tag in der Früh über St. Michael, Mauterndorf, Radstadt und Bischofshofen circa fünf Stunden nach Hallein zur ältesten Brennerei Salzburgs, zum Guglhof der Familie Vogl.

Der Guglhof wurde in ununterbrochener Folge von 1999 bis 2010 von À la carte als Meisterbrenner ausgezeichnet. Es folgten unzählige Falstaff-Prämierungen sowie eine fünfmalige Kür von Vinaria zur Brennerei des Jahres. Aufbauend auf ein Jahrzehnt erfolgreicher Brenngeschichte wird der Guglhof nunmehr von Anton Vogl gemeinsam mit seinen Söhnen Toni und Christoph geführt. Ein architektonischer Relaunch im Gebäudeinneren weist unmissverständlich darauf hin, dass Qualität zu den obersten Prämissen am Guglhof zählt.

Eines der auffälligsten Kennzeichen für die Guglhof-Brände ist, laut Schnapsexperten Vene Maier, ihr ausgereifter Zustand. Keines der Destillate kommt in jugendlicher Frische in die Flasche, eine Reifezeit von zumindest drei Jahren ist obligatorisch. Dies gilt für die klaren Destillate. Die fassgereiften haben mitunter eine bis zu zehnjährige Reifeperiode. Zur Auswahl stehen Jahrgangsbrände Reserve von der Roten Williams, der Wachauer Marille, der Herzkirsche, der Weichsel, der Wildkirsche, der Waldhimbeere, dem Kriecherl, der Quitte, dem Gravensteiner Apfel, der Vogelbeere, dem Schlehdorn, dem Holler, der Zwetschke, dem Dirndl und der Erdbeere, fassgelagerte Brände vom Traminer, der Alten Birne, der Alten Zwetschke, dem Alten Apfel, des Tauern Rogg, einem Single Malt Whisky sowie ein Gin Alpin, ein Sloe Gin Alpin sowie ein in limitierter Auflage hergestellter Safran Gin Alpin (mit pannonischem Safran aus dem Burgenland).

Von Hallein reisen Sie weiter in die Stadt Salzburg und schlagen Ihre Zelte für zwei Nächte in einem Hotel auf. Ich habe im „Jedermann" genächtigt. Hier bietet sich ein Besuch der ältesten Weißbier-Brauerei Österreichs „Die Weisse" an. Zu einer großen Auswahl selbst gebrauter Weißbiere gibt's eine Weißbier Suppe, eine Pfefferwurst, Speck, Grammel-Schmalz oder eine „Weißbräu Jausn" (von allem ein bisserl). Hochprozentiges und Geistreiches gibt's nach der Jause von der Brennerei Christon aus Munderfing und aus dem Hause Sporer, einer traditionsreichen Salzburger Likör- und Punschmanufaktur.

## Tipp

Eine gute Zeit für diese Tour ist die Zeit der Weihnachts- und Adventmärkte. Sowohl die Stadt Salzburg als auch St. Gilgen, Strobl und St. Wolfgang bieten im Advent ein stimmungsvolles Ambiente, wo auch die Kulinarik nicht zu kurz kommt.

Nach dem Frühstück machen Sie sich auf den Weg zum Hauptbahnhof, den Sie in 15 Minuten zu Fuß vom Hotel gut erreichen. Mit dem Regionalbus fahren Sie eine dreiviertel Stunde bis zum Strandbad Mattsee. Ziel dieses Abstechers ist die Ferdinand Porsche Erlebniswelt, die Ihnen einen faszinierenden Einblick in die Motorwelt und den Motorsport des Konstrukteurs Ferdinand Porsche bietet.

Nach etwa drei Stunden sind Sie wieder in der Landeshauptstadt, wo eine Stadtbesichtigung der Altstadt von Salzburg auf dem Programm steht. Damit lernen Sie auf Ihrer „Schnopsroas" die erste von zehn UNESCO-Weltkulturerbe-Stätten in Österreich kennen. Die mittelalterliche Bürger- und bischöfliche Barockstadt erhielt dieses Prädikat im Jahr 1996.

Nach der Stadtführung steht ein Besuch der Likör- und Punschmanufaktur Sporer in der Getreidegasse am Plan. Gute Brände und Liköre herzustellen und auszuschenken ist die klare Firmenphilosophie seit über 100 Jahren.

War es in den Anfängen ein Branntwein-, Likör- und Rum-Geschäft, so ist der Sporer mittlerweile ein gemütlicher Treffpunkt für Destillat- und Weinliebhaber inmitten der Salzburger Altstadt. Etwa 40 Gehminuten davon entfernt befindet sich die

Produktionsstätte mit einem Verkaufsraum, der 2015 modernisiert und mit einem coolen Outfit versehen wurde.

Der Rückweg ins Hotel führt durch den Skulpturen-Garten bei Schloss Arenberg und auf den Kapuzinerberg, wo Sie noch einen imposanten Blick auf die Stadt Salzburg genießen – sofern das Wetter mitspielt. Nach etwa zwei Stunden zu Fuß erreichen Sie wieder Ihr Quartier im Stadtteil Neustadt/Schallmoos.

Am nächsten Tag starten Sie eine bundesländerübergreifende Tour.

Von der Stadt Salzburg geht's zuerst auf der Westbahnstrecke circa 40 Minuten nach Vöcklabruck und weitere 30 Minuten mit zwei Bus-Linien nach Weyregg am Attersee. Hier steht der Besuch der direkt am Attersee gelegenen Brennoase von Rosi Huber am Programm. Und da sie das, was sie gerne macht, auch sehr gut macht, nehmen Sie sich Zeit, aus dem Sortiment von circa 20 Edelbränden und Likören zu kosten: etwa einen Kirschbrand, einen Zirben-Geist, einen Gin Rose, einen hochprämierten Brotgewürzgeist oder einen Pfahlbauschnaps (Apfelbrand mit Bernstein), der dem UNESCO Weltkulturerbe „prähistorische Pfahlbauten" gewidmet ist.

Gegen Mittag haben Sie eine gute Busverbindung vom Attersee zum Wolfgangsee. Mit drei verschiedenen Bus-Linien erreichen Sie in etwa eineinhalb Stunden St. Gilgen/Wolfgangsee, wo der vorletzte und einer der besten Brenner des Salzburger Landes auf Ihrer Besucherliste steht.

Die Destillerie Primushäusl der Familie Rieger verfügt über zahlreiche prämierte Edelbrände und Fruchtliköre. Salzburger Landessieger, Alpen-Adria-Sieger, Destillata-Newcomer des Jahres zeichnen die Destillerie Rieger aus und sind das Ergebnis eines jahrelangen, kompromisslosen Strebens nach höchster Qualität. Ein Augustiner Bierbrand, Salzburger Birne, Vogelbeere,

Kirsche, Quitte, ein streng limitierter „Wüdara Whisky" und ein „Juchitza Gipfelgin" stehen zur Verkostung bereit und tragen die Handschrift vom Newcomer, Brennmeister Sigmund Rieger.

Nach einem eineinhalb Kilometer langen Fußmarsch entlang des Wolfgangsees erreiche ich mein Nachtquartier, den am Seeufer gelegenen Pilznerhof. Man findet in der Gegend um Sankt Wolfgang viele Übernachtungsmöglichkeiten.

Vom Naturschutzgebiet Blinkling und Gschwendter Moos fahren Sie am nächsten Tag mit dem Bus weiter nach Bad Ischl-Sulzbach zu Matthias Gasteiger. Er ist ein meisterlicher Brenner, der seit vielen Jahren in den Siegerlisten verschiedener Verkostungen zu finden ist. Die Williamsbirne, die Williams im Holzfass, die Birne im Eichenfass, Birnencuvée, die lokalen Birnensorten Schweizer Wasserbirne, Speckbirne, Zwetschke, Zwetschke im Eichenfass, Zirbenbrand, Zirbenbrand im Holzfass und Vogelbeere sind nur ein Auszug seiner 20 Sorten umfassenden Produktpalette. Sie beweisen, dass Matthias Gasteiger die vielen Auszeichnungen zu Recht bekommen hat, und sie schmecken in der gemütlichen Verkoster-Stube besonders gut.

Von Bad Ischl ist ein Abstecher nach Hallstatt unbedingt zu empfehlen. Bei einer Ortsführung durch die Altstadt erfahren Sie viel Wissenswertes über die 7000 Jahre alte Geschichte des Salinenortes. Vor der Weiterreise stärken Sie sich im reizvollen, direkt am Marktplatz gelegenen Seehotel Grüner Baum und genießen im Kaiserstüberl oder auf der Seeterrasse einen fangfrischen Saibling, eine Reinanke oder Forelle.

Hallstatt zählt mit der alpinen Region des Salzkammergutes zum UNESCO Weltkulturerbe.

Sie fahren wieder zurück nach Bad Ischl, dann mit der Bahn etwa eine Stunde nach Stainach/Irdning und eine weitere Stunde bis Mandling.

Sie queren die Mandling und könnten im Gasthof Taferne Ihr Nachtquartier beziehen.

Nach dem Frühstück machen Sie sich zu Fuß auf den 2 km langen Weg zum Mandlberggut, der auf 960 m Seehöhe gelegenen Dachstein Destillerie der Familie Warter. Das Mandlberggut ist die letzte Station auf Salzburger Boden. Latschenstüberl, Jausenstation und Fischteich laden zur Regeneration ein. Zigarrenbrand, Zirbengeist, Schwarzbeerlikör, Berggeist, Ahornkirsche, Almbrot, Rock-Whisky und Alpenmeister sind nicht nur kreative Namen für hochprozentige Besonderheiten, sondern schmecken auch vorzüglich. Bernhard und dessen Tochter Theresa Warter sind zudem Edelbrandsommelièrs der ersten Stunde. Sie werden Ihnen auch gerne den Gemeinschaftsbrand der Salzburger Edelbrandsommelièrs, den Amadeo, präsentieren.

Über Radstadt geht's wieder zurück nach Wien. Für die Rückreise müssen Sie gut viereinhalb bis fünf Stunden einplanen.

Dachstein Destillerie

## Verkoster-Notizen »Salzburger Vögei«

**Edelbrand aus der Vogelbeere, 42 %vol**

Schnapsbrennerei Bartl Enn, 5754 Hinterglemm
www.enn-schnaps.at
Mobil: 0676-6501258

wunderschönes Aromaspiel aus Marzipan und Wiesenkräutern; auch am Gaumen viel Bittermandel, würzig, fest, animierend, langer Nachhall; TOP

**Kriecherlbrand 100 % Destillat, 42,4 %vol**

Schnapsbrennerei Bartl Enn

reife, klare, fleischige Frucht; auch am Gaumen frische Frucht mit deutlichem Kern-Ton; schöne Länge

**Edelbrand fassgelagert Zigarrenbrand Muskat-Pflaume 100 % Destillat, 43 %vol**

Schnapsbrennerei Bartl Enn

fruchtig, frisch in der Nase; feine Pflaume mit dezentem Holz am Gaumen; kräftige Harmonie, schöne Länge; TOP

**Salzburger Birne, Edelbrand; 40 %vol**

Destillate Siegfried Herzog, 5760 Saalfelden
www.herzogdestillate.at
Tel: 06582-75707

sehr feine, reife Birne in der Nase; am Gaumen deutlicher, würzig frischer, herber Birnencharakter; schöne Balance; schöner Nachhall

**Eachtleng, Lungauer Biokartoffel, 40 %vol**

Gabi und Matthias Moser, 5584 Zederhaus
www.edelbraende-moser.at
Tel: 06478-547

reintönig, klar und frisch in der Nase; feinste Kartoffel am Gaumen; pure Harmonie und schöne Länge; TOP

### Alter Birnenbrand 2003, 40 %vol

Brennerei Guglhof/Vogl, A 5400 Hallein
www.guglhof.at
Tel: 06245-80621

fruchtig, dezentes Birnenaroma mit schöner Fassnote; am Gaumen feingliedrig, nuancenreich, dicht, fruchtig, gut eingebundenes Holz; Abgang perfekt; TOP

### Brotgewürz Geist, 41,8 %vol

D' Brennerin Rosi Huber, 4852 Weyregg am Attersee
www.brennerin.at
Mobil: 0676-6636280

Duft nach frisch gebackenem Brot; vollmundig, würzig und leicht herb am Gaumen; harmonisch mit deutlichem Nachhall

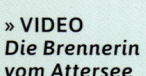

» VIDEO
*Die Brennerin vom Attersee*

### Aberseer Edelbrand Dörrzwetschke Barrique, 39 %vol

Brennerei Primushäusl/Rieger, 5342 Abersee
www.primushaeusl.at

sehr feine, fruchtige Zwetschke, Dörraromen mit schön eingebundenem Fass; am Gaumen reife Frucht; wieder Holz, Vanille, Röstaromen; sehr schöne Länge; TOP

### Aberseer Edelbrand Vogelbeere, 39 %vol

Brennerei Primushäusl/Rieger

breites Duftspektrum von Bittermandl, Nuss bis Schoko; auch am Gaumen würzige Marzipan-Note; fein herber Charakter; sehr harmonisch; mit tollem Nachklang; TOP

### Zirben Geist, 40,5 %vol

Mandlberggut/Dachstein Destillerie/Fam. Warter, 5550 Radstadt
www.mandlberggut.com
Tel: 06454-7660

intensive, frische Zirbenzapfen, Duft nach Harz und Nadelholz; am Gaumen wieder dichtes, volles Zirben-Aroma, harzig, harmonisch, bleibt sehr lange am Gaumen

**Amadeo, Salzburger Edelbrand, 42,5 %vol**
Gemeinschaftsbrand des Salzburger Edelbrandsommelièrverbandes, Mandlberggut/Dachstein, Warter KG

Apfel-Birnenaromen mit zarter Vanille in der Nase; setzt sich feinfruchtig am Gaumen fort; wieder deutliches Kernobst mit zartem Stein- und feinem Vanille-Ton; schöne Länge, harmonisch und animierend; TOP

**Williams im Holzfass, Edelbrand, Kaiser Tröpferl, 41,4 %vol**
Matthias Gasteiger, 4820 Bad Ischl
E-Mail: matthiasgasteiger@hotmail.com
Mobil: 0650-4427132

deutliche Fruchtnote mit kräftigem Holz in der Nase; am Gaumen ausgeprägte Williamsfrucht, fein begleitet von Röst- und Holzaromen, rundum harmonisch mit wunderbarer Länge; TOP

Herbst am Wörthersee

# KÄRNTNER MOSTBARKEITEN

**1. TEILSTRECKE // 2 TAGE**

Wien – Klagenfurt – St. Paul/Lavanttal – Wolfsberg – Graz

(427 Bahn-/Buskilometer, 9 Kilometer zu Fuß)

**4. ROUTE**

Die Kärntner „Schnopsroas" startet in Wien. Mit dem IC erreichen Sie Klagenfurt in knapp vier Stunden. In der Landeshauptstadt besuchen Sie den Edelbrandpionier, Meisterbrenner sowie begeisterten und begeisternden Erzähler Valentin Latschen. Der zweite Stopp in Kärnten ist das Lavanttal mit seinen Mostbarkeiten.

## *Tipp*

Klein, aber fein präsentiert sich an einem Wochenende Anfang Mai die Mostbarkeitenmesse im Kompetenzzentrum Zogglhof in St. Paul im Lavanttal. Sie wird 2019 ein Vierteljahrhundert alt.

Bevor Sie sich dem Hochprozentigen widmen, könnten Sie mit einem Spaziergang durch die Kultur- und Literaturmetropole Klagenfurt starten: mit einem Besuch des Robert Musil Museums, wo auch die Arbeiten von Ingeborg Bachmann und Christine Lavant in einer Dauerausstellung präsentiert werden.

Nach einem Abstecher zum Wörthersee genießen Sie einen traumhaften Blick über den See – am besten von der Halbinsel Maria Loretto. Ihr Weg führt Sie in die „Welt im Kleinformat", zur Ausstellung „Minimundus", die seit 1958 die Gäste beeindruckt, und weiter zur Schleppe Brauerei, wo Valentin Latschen eine sehenswerte „Kellerbrennerei" betreibt.

Eine Verkostung im stilvollen Keller der Schleppe Brauerei gehört zu den Höhepunkten einer „Schnopsroas" durch Österreich.

Eingeleitet wird die Verkostung mit einem „Pfau Royal" (eine Brise Pfau Williams-, Marillen- oder Himbeerbrand mit Schlumberger-Sekt). Dann folgen Mostbirne, Williams, Obstler, Quitte, Zwetschke, Marille, Biobier, Bockbier, Malt (Gerstenmalz), Ribisel, Himbeere, Vogelbeere und im Holzfass gelagerte Raritäten. Und da nun einmal die Sektflasche geöffnet ist, wird anstelle mit Wasser mit Sekt „neutralisiert". Es ist daher von Vorteil, wenn Sie sich nach dieser intensiven Verkostung von einem Ortskundigen in Ihr Quartier bringen lassen.

» VIDEO
*Pfau Brennerei*

Pfau Brennerei

Zeit, Geduld, Ruhe und Reife sind Attribute, die einen guten Schnaps ebenso auszeichnen wie eine gute Brennerei. Valentin Latschens Pfau-Brennerei ist eine gute, wenn nicht eine der besten. Zwischen der „Keller-Brennerei" in seinem Gasthof in Untermittendorf im Kärntner Jauntal und der europaweit bekannten Pfau-Edel-Brennerei in der Schleppe Brauerei in Klagenfurt liegen 25 Jahre. Seit dem Jahrtausendwechsel hat er sein festes Domizil in der Schleppe Brauerei in Klagenfurt errichtet.

Valentin Latschen ist eines von sechs Kindern eines Land- und Gastwirtes. Seinen gastronomischen und touristischen Feinschliff holt er sich am Arlberg. Mit einer Ausbildung zum Obstbau-, Weinbau- und Kellermeister übernimmt er 1984 den elterlichen Betrieb.

Er erweitert den Obstgarten, erhöht die Sortenvielfalt, beginnt mit hohem Anspruch zu destillieren, Natur- und Fruchtaromen ins Glas zu bringen. Als Mitbegründer der neuen österreichischen und internationalen Obstbrandkultur und der „Quinta Essentia" versucht er unermüdlich, der österreichischen Edelbrandszene diesen Qualitätsstempel auf seinen Missionsreisen zu Österreichs Landwirtschaftsschulen und Sommelièr-Clubs aufzudrücken. Mit der Errichtung einer modernen Brennanlage in den historischen Gewölben der Schleppe Brauerei beginnt für Valentin Latschen eine neue Ära. Neben den Fruchtbränden widmet er sich nun auch den Bier- und Biobränden, nähert sich ab 2003 mit einem eleganten und nuancenreichen Single Malt dem Thema Whisky und ist Gründungsmitglied der 2012 gegründeten Austrian Whisky Associaton (AWA).

Auch Kartoffeln stehen auf Latschens Sortimentsliste. Wobei er den konzentrierten Erdapfel nicht als Wodka, sondern sortengerecht und entgegen dem Mainstream als Bramburi auf den Markt bringt.

Nach der intensiven Verkostung verbringen Sie die Nacht im Sandwirth und gönnen sich eine notwendige Erholungsphase.

Von Klagenfurt fahren Sie etwa eine Stunde nach St. Paul im Lavanttal zum nächsten Pionier und Vordenker, Dominikus Spendel. Er hat sich seit 1989 dem Obstbau verschrieben und verbindet klassisches Brauchtum, Bodenständigkeit und höchste Qualität mit zeitgemäßem Design und moderner Kunst, die in der Schnapsgalerie erlebbar ist. Neben der Weinbirne (Kletzenbirne), der Österreicherbirne (Speckbirne) und der Zwetschke sollten Sie hier unbedingt eine Besonderheit der Region verkosten, den Lavanttaler Bananenapfelbrand. Dieser pomologische Exot kam Ende des 19. Jahrhunderts aus den USA ins Obstparadies Lavanttal. Den zweiten Teil seines Namens verdankt der Apfel seinem bananenähnlichen, etwas mehligen Geschmack. Viel schwieriger als der Import um 1880 stellt sich aber heutzutage die Verarbeitung dieses Apfels dar. Die kurze Lagerfähigkeit erfordert viel Fingerspitzengefühl bei der Bestimmung des Erntezeitpunktes. Einmal als Destillat haltbar gemacht, wird diese Frucht in einen herrlichen Apfelbrand verwandelt.

Der Apfel hat der Region auch zur Genussregion „Lavanttaler Apfelwein" verholfen, die ihren Sitz im Zogglhof hat.

Die Geschichte der Obstproduktion im Lavanttal ist eng mit dem Zogglhof verbunden und reicht bis zur Gründung des Stiftes St. Paul im Jahr 1091 zurück. Der Zogglhof, das heutige Kompetenzzentrum für die Obstverarbeitung, wurde 1650 vom Stift erworben.

Nach dem Motto „Gemeinsam Gutes schaffen" ist der Verein „Mostbarkeiten" Betreiber des Zogglhofes. Seit 1998 organisiert er eine internationale Prämierung, die sich mittlerweile als Alpen-Adria-Verkostung mit etwa 700 eingereichten Produkten zu einem wichtigen Gradmesser italienischer, deutscher, slowenischer und österreichischer – vorwiegend landwirtschaftlicher – Hersteller entwickelt hat.

Vom Lavanttal fahren Sie weiter nach Wolfsberg, wo Sie mit dem IC-Bus Kärnten verlassen und in die Steiermark, nach Graz wechseln.

## Verkoster-Notizen »Kärntner Mostbarkeiten«

### Kärntner Mostbirne, 43 %vol

Pfau Brennerei/Valentin Latschen, 9020 Klagenfurt
www.pfau.at
Tel: 0463-440266

dezente, vielschichtige Birne; sehr kraftvoll und fruchtig am Gaumen; zeigt sich sehr harmonisch und füllig mit langem Abgang

### Zwetschke, 43 %vol

Pfau Brennerei/Valentin Latschen

schöne, klare Frucht in der Nase; auch am Gaumen sehr feine, reife Frucht; harmonisch mit schöner Länge

### Lavantaler Bananenapfel, Kärntner Edelfeinbrand, 38 %vol

Dominik Spendel, 9470 St. Paul
www.spendel-schnaps.at
Mobil: 0664-3831586

reifer, fruchtiger Apfel, frisch, Minze; sehr dicht und fruchtig am Gaumen, harmonische Reife; langer Nachhall; TOP

Weinberg

# STEIRISCHER „SCHÜCHA"

2. TEILSTRECKE // 3 TAGE
Graz – Gamlitz – Steinbach – Schererkogel – Wernersdorf – Graz
(380 Bahn-/Buskilometer, 24 Kilometer zu Fuß)

4. ROUTE

Da der direkte und kürzere Weg vom Kärntner Lavanttal in die Südsteiermark über die Soboth mit öffentlichen Verkehrsmitteln nicht zu bewältigen ist, nehmen Sie den Umweg über Wolfsberg und Graz in Kauf. Nach einer Nächtigung könnten Sie den Vormittag in der Altstadt von Graz verbringen. Eine Graz-Tour sollte jedenfalls die Mur-Insel, das Kunsthaus Graz, den Schlossberg und die Altstadt, ein weiteres UNESCO-Weltkulturerbe, beinhalten.

Der erste hochprozentige Stopp ist in der Grazer Innenstadt bei der Destillerie Franz Bauer. Die „distillery-Tour" führt Sie

» VIDEO
*Erlebnistour
Destillerie
Franz Bauer*

mitten in das „Herzstück" des im Jahr 1920 gegründeten Betriebes. Dort stehen drei Brennanlagen mit einem Fassungsvermögen von je 450 Litern. In der Franz-Bauer-Destillerie treffen Sie Mitarbeiter, die mit großem Engagement und mit Begeisterung ihrer Tätigkeit nachgehen. Da wird selbst das Mittagessen in der firmeneigenen Kantine „Genießerei" zu einem kulinarischen Höhepunkt – vor allem dann, wenn es Ihre Lieblingsspeis gibt. Vom Jägermeister-Keller, wo produziert und gelagert wird, führt der Weg über die Abfüllbänder direkt weiter ins „Genießerreich", das Verkaufslokal mit angrenzendem Bistro, dem „Hirschbauer". Dort endet die Tour. Sie haben aber noch ausreichend Gelegenheit, vorzügliche Schnäpse und Liköre aus dem Hause Bauer zu verkosten. Und wie das beim intensiven Verkosten so ist, verlieren Sie leicht das Zeitgefühl.

Um die Mittagszeit fahren Sie über Ehrenhausen nach Gamlitz, wo Sie Ihr nächstes Quartier beziehen, zum Beispiel im Gasthaus Wratschko.

Wer das steirischen Hügelland liebt, dem ist zu empfehlen, die kleine, etwas kurvenreiche, 5,5 Kilometer lange Straße von Gamlitz hinauf nach Steinbach zur Fruchtbrennerei Tinnauer zu wandern. Der Berg ist auf der Südseite zu fast 80 Prozent mit Weinreben bedeckt, die West- und Südostlagen eignen sich dagegen hervorragend für den Obstbau.

Eine erste Rast am Hausbankl, eine Begrüßung mit einem Weinhefe-Zigarrenbrand und ein herrlicher Blick über die südsteirische Weinlandschaft entschädigen schon einmal für die Strapazen der Wanderung und versprechen einen angenehmen Aufenthalt.

Die Familie Tinnauer bewirtschaftet 8 Hektar beste Weinrieden und 4,5 Hektar Obstgärten in Top-Lage auf dem südsteiri-

Schererkogel

schen Gamlitzberg. Obwohl Winzer von Beruf, gilt Franz Tinnauers Leidenschaft seit 1990 der Destillation von Edelbränden.

Dabei spezialisierte er sich auf die Verarbeitung regionaltypischer Früchte wie Maschanzker-Apfel oder Kriecherl. Im Lauf der Jahre kamen noch viele weitere Obstsorten aus eigenem Anbau dazu – wie etwa die Birnenquitte oder der Weingartenpfirsich. Die Fruchtbrennerei Tinnauer steht auch für hochprozentige Brände und sorgt neben der Tiroler Brennerei Rochelt, dem Osttiroler Schwarzer oder dem Wiener Schmidt dafür, dass Edelbrände mit 52 % und mehr wieder in die Regale und Flaschen kommen.

Und er ist schließlich auch ein Verfechter einer kräftigen Fass-Typizität, die nach einer dreijährigen Lagerung besonders intensiv und gaumenfüllend daherkommt. In der „Reserve" spiegelt sich das große Potenzial der Destillate wieder. Mindestens zwei Jahre reifen die Reserve-Brände im Edelstahlbehälter und sind daher besonders gehaltvoll im Geschmack und Geruch. In keinem Fall weisen sie weniger als 50 Volumsprozent auf, manche – wie der Williamsbirnenbrand-Reserve – 52,5 %vol, Große Reserve oder Zigarrenbrand Große Reserve kommen mit kräftigen 60 %vol in die Flasche.

Der Erfolg gibt ihm recht: Schon 1993 wurde bei der Destillata erstmals Gold geerntet, 2002 und 2006 wurde Franz Tinnauer zum Destillata-Brenner des Jahres in Silber gekürt. Mit ihren hochwertigen Edeldestillaten wurde die Fruchtbrennerei beim World-Spirits Award mehrmals zur „Distillery of the Year" gekürt. Seit 2011 wurde Franz Tinnauer im Rahmen der „Falstaff Spirits Trophy" immer wieder als Meisterbrenner und Sortensieger ausgezeichnet.

Zu empfehlen sind neben den besonders kräftigen Bränden auch der Williams, die Kirsche, der McIntosh, der Gravensteiner, der Zweigelt Trester im Fass und die Hauszwetschke mit und ohne Fasslagerung.

Nach einer gemütlichen, knapp einstündigen Wanderung erreichen Sie den Schererkogel, wo Sie den Tag ausklingen lassen, einen herrlichen, weiten Blick ins Land genießen, mit dem einen oder anderen Glas Wein in den Abend gleiten und im angrenzenden Weingut nächtigen.

Weiter geht's am nächsten Tag von Gamlitz aus mit dem Bus nach Ehrenhausen, mit der Bahn nach Leibnitz und mit vier verschiedenen Buslinien über Gleinstätten, Wies/Eibiswald nach Wernersdorf ins Schilcher- und Schnapsparadies der Jöbstls. Einen guten Einstieg in die Welt des Schilcher Weines ermöglicht Ihnen Luise Jöbstl in einem künstlerisch ansprechenden Ambiente. Eine Tür weiter können Sie unter Anleitung der „next generation", Edelbrandsommelière Christina Kremser-Jöbstl, in neunfacher Form auch die hochprozentige Seite des Schilchers (Traube, Trester, Wein und Hefe mit und ohne Fass-Lagerung, mit Weinraute) kennenlernen. Neben Hochprozentigem vom Schilcher sind auch die Birne Cigar, der Jonagold auf Bernstein, Nuss und „Mamas Lieblingsschnaps", eine Vogelbeere, zu empfehlen.

Waltraud Jöbstl, „Grand Dame" der österreichischen Edelbrennerszene, zeigt, dass Schnapsbrennen nicht reine Männersache ist.

Unter dem Motto „Lust auf Jöbstl" lädt die Destillerie im Rahmen der Verkosterpakete „Edelbrand & Käse" und „Edelbrand & Zigarre" ein, ihre Schnapswelt am steirischen Schilcherberg „riechend, schmeckend und beurteilend" kennenzulernen.

Am Rückweg besuchen Sie die Emmaus-Kapelle am Fuß des „Schilcherberges", ein kulturelles Kleinod, das mit der Familie Jöbstl in enger Verbindung steht.

Sie fahren wieder zurück nach Graz und zu später Stunde weiter nach Wien.

## Verkoster-Notizen »Steirischer „Schücha"«

**Jägermeister, kalt mazeriertes Elexier aus 56 Kräutern im Eichenfass gelagert, 35 %vol**

Destillerie Franz Bauer, 8020 Graz
www.bauerspirits.com
Tel: 0316-7700

vielschichtige, frische Kräuter, Anis, Fenchel, Malz und Röstaromen in der Nase; am Gaumen sehr mild, wieder frische Kräuter, feine Röstaromen mit zarter Bitternote; perfekte Harmonie

**Green Panther, Kürbiskernlikör, 16 %vol**

Destillerie Franz Bauer

wuchtige Haselnuss in der Nase; am Gaumen wieder Haselnuss mit Kürbis, sehr weich, sehr cremig und geschmeidig

**Weinhefe Zigarrenbrand Reserve 2005, 52,5 %vol**

Fruchtbrennerei Franz Tinnauer, 8462 Gamlitz
www.tinnauer.at
Tel: 03453-3607

klassische Weinbrandnote, fruchtig, dezent rauchig in der Nase; am Gaumen kernig, cremig, Vanille, gut verwobenes Holz; sehr druckvoll und harmonisch; Nachhall ohne Ende, TOP

**Weinbrand vom Schilcher, 100 % Destillatanteil, 43 %vol**

Brennerei Jöbstl, 8551 Wernersdorf
www.brennerei-joebstl.at
Tel: 03466-42379-1

sehr variantenreich blumig, würzig mit klarem Holz-Ton; auch am Gaumen sehr vielschichtig, Vanillesüße und Weinbrandcharme perfekt abgestimmt; animierend; langer Abgang; TOP

# DER GEIST DER APFELMÄNNER

**1. TEILSTRECKE // 4 TAGE**

Wien – Graz – Silberberg – St. Martin im Sulmtal – Frauental – Rassach – Mooskirchen – Oberfeistritz – Stubenberg – Herberstein – Buchberg – Schönau

(451 Bahn-/Buskilometer, 25 Kilometer zu Fuß)

5. ROUTE

## *Tipp*

Mitte September findet in Puch ein Apfelkorso statt, bei dem aufwendig geschmückte Festwägen zu bestaunen sind. Darüber hinaus haben Sie den ganzen Tag Zeit, die 22 Stationen der steirischen Apfelstraße zu besuchen. Es erwarten Sie Schwammerlsuppe mit Heidensterz, frisches Obst, Eierspeis mit Austernmuscheln, Erdapfelwurst, Himbeersturm, gegrillte Forellen, Karpfenfilet, Frizzante und Cider, Holzhackersterz und viel Musik.

Alle 60 Minuten haben Sie von Wien eine gute Zugverbindung nach Graz. Nach nur sechs Stopps und zweieinhalb Stunden erreichen Sie die steirische Landeshauptstadt. Von Graz geht's mit der Bahn weiter nach Leibnitz und das letzte Stück mit dem Bus zu Ihrem ersten Ziel, zur Wein- und Obstbauschule und zum Landesweingut Silberberg. Die Weinbauschule ist die Kaderschmiede der steirischen Winzer und bekannt dafür, dass sie einzigartige Weine bestimmter Lagen keltert, etwa der Terassenanlagen in Kitzeck, der Sausaler Lagen, der Lagen Annaberg, Trebien und Steinbruch.

Riesling, Weißburgunder, Chardonnay und Sauvignon blanc können Montag bis Freitag von 7 bis 12 Uhr und von 13 bis 17 Uhr verkostet werden. In den Monaten April, Mai, Juni, September und Oktober ist der Besuch des Landesweingutes auch an Samstagen von 9 bis 15 Uhr möglich.

Hier tauchen Sie nicht nur in die steirische Wein-, sondern auch in die steirische Obstwelt ein und haben die Gelegenheit Georg Innerhofer zu treffen, einen exzellenten Schnaps-Verkoster, dessen sensorisches Urteil prägnant und wohlüberlegt ist. Er unterrichtet an der Landwirtschaftlichen Fachschule Silberberg Obstverarbeitung, Direktvermarktung und Sensorik und hat zum Thema Obstverarbeitung mehrere Fachbücher geschrieben.

Obstverarbeitungs-Workshops unter der Leitung von Georg Innerhofer sollten Sie unbedingt besuchen. Egal ob Marmelade, Konfitüre, Gelee, Sirup, Nektar, Chutney, Likör oder Edelbrand – unter seiner Anleitung werden Sie tolle Produkte aus Früchten, Blüten und Kräutern zaubern.

Von Silberberg geht's weiter über Gleinstätten nach St. Martin im Sulmtal zum neuen Standort der Distillery Krauss, einem jungen Unternehmen, das in seiner erst zehnjährigen Geschichte bereits beachtliche Erfolge feiern konnte. 2007 startete die Betriebsinhaberin DI Dr. Carmen Hermann-Krauss mit ihrer Familie in einer Garage im steirischen Schwanberg am Fuß der Koralpe mit dem Destillieren von Edelbränden. Bei der Falstaff-Spirits-Trophy konnten sie mit sagenhaften 97 Punkten für den Rosenblütenmuskateller Traubenbrand überzeugen. Beachtliche 95 Punkte gab es für den Anisbrand, Kategorie-Bestwertung mit 94 Punkten für den Gin+ Saffron und 93 für den Gin+ London Dry. Und genau dieser Gin+ hat bei der San Francisco-World Spirits Competition Doppel-Gold erhalten und zählt somit zu den weltbesten Gins.

» VIDEO
Maria
Steinbauer
Weichsel-
ernte

Weichsel

Sie könnten Ihr Nachtquartier im Gasthof Martinhof beziehen, von wo Sie am nächsten Tag einen Abstecher zur vielfach ausgezeichneten Bio-Hofkäserei Deutschmann nach Frauental machen.

Weiter geht's nach Rassach in die Genuss-Erlebniswelt der Steinbauers, die generationsübergreifend von Sohn Uli sowie Edelbrandsommelière Maria Steinbauer betrieben wird. Neben Frischobst in höchster Qualität gibt's hier edle Brände von Williams, Hauszwetschke, Kirsche, Weichsel, Kriecherl und Pfirsich, von der Rosenmuskateller Traube und vom Schilcher Trester im Fass. Dass es dazu auch eine edle Speisenbegleitung im Rahmen der Genuss-Schule gibt, versteht sich in einem Haus, wo Genuss gelehrt wird, von selbst.

Von Rassach geht es zuerst einmal dreieinhalb Kilometer zu Fuß nach Stainz und weiter mit Bus und Bahn über Graz nach

Mooskirchen, wo Sie die 1930 gegründeten Feindestillerie Hochstrasser besuchen.

Die Kunst des Destillierens wird mittlerweile in dritter Generation weitergeführt. Durch die ständige Entwicklung in der Verarbeitung und basierend auf dem Wissen der Vorfahren entstehen im Hause Hochstrasser hochwertige Produkte.

Ein Meilenstein in der Geschichte der Destillerie, aber auch in der alpenländischen Edelbrandszene ist die im Jahr 2004 kreierte Marke H05. Charaktervolle Edelbrände aus dem Hause Hochstrasser werden mit ausdrucksstarken Darstellungen präsentiert. 2012 entstand in Mooskirchen eine einzigartige, sehenswerte Edelbrand-Erlebniswelt. Zu den Höhepunkten der Betriebsführung zählen die neuen, imposanten Destillieranlagen, die Duftstraße und der Schauraum, wo die erlesenen und ausgezeichneten Produkte gekostet und gekauft werden können.

In Mooskirchen kann man im etwa drei Kilometer entfernten Landgasthof Lazarus nächtigen.

Am nächsten Tag fahren Sie über Graz und Weiz nach Etzersdorf und gehen die letzten zwei Kilometer zu Fuß nach Lingstätten zum Obstbaumeister und Apfelmann Josef Wilhelm. Josef und Josefa Wilhelm betreiben seit dem Jahr 1980 in der Apfelgemeinde Puch einen Obstbaubetrieb, eine Spezialitätenbrennerei und einen Ab-Hof-Verkauf. Sie verfügen über eine große Produktpalette an frischem Obst, Weinen, Edelbränden, Likören, Fruchtsäften, Apfelmosten, Marmeladen, Essigen und Dörrobst.

Der Obstbaubetrieb der Familie Wilhelm ist eines von 12 kulinarischen Ausflugszielen des Naturparks Almenland. Im Anschluss an eine Führung, die ganzjährig (außer vom 24. Dezember bis 15. Jänner) am Mittwoch, Donnerstag, Freitag, Samstag oder gegen telefonische Voranmeldung möglich ist, haben Sie die seltene Gelegenheit eine Apfel-, Edelbrand-, Likör-, Wein-,

Fruchtsaft-, Most-, Marmelade-, Dörrobst- und Honigverkostung in einem zu absolvieren.

Josef Wilhelm ist einer von 15 Apfelmännern, die sich zusammengeschlossen haben, um als Abakus-Gemeinschaft den Geist des Apfels in die Flasche zu bringen. Das Apfeldorf Puch hat die größte Dichte an Schnapsbrennern in Österreich, ist das Zentrum des österreichischen Obstbaus, das älteste Apfeldorf Österreichs und bildet das Zentrum der Genussregion „Oststeirischer Apfel".

Im Jahr 1986 gründeten etwa 40 Bauern, Gastwirte, Beherberger und Künstler den Verein „Steirische Apfelstraße". Es entstand die rund 25 Kilometer lange Apfelstraße.

Zwölf Jahre später haben sich Apfelbauern aus der Umgebung von Puch zur Abakus-Gemeinschaft zusammengeschlossen, um den „besten Apfelschnaps des laufenden Jahrgangs" zu brennen.

Abakus nennt sich diese Gemeinschaft der Apfelmänner, die sich drei Tage in der Brennerei einsperren, um einen ebenso mystischen wie begehrten Trank zu kreieren. Die Apfelmänner präsentieren seit 1998 jährlich ihren Apfelschnaps. Neben zwei Cuvees wurden jeweils zwei Mal die Sorte McIntosh und Gravensteiner gewählt, jeweils einmal die Sorte Gala, Eisapfel, Golden Delicious und Maschansker, eine für die Steiermark typische Regionalsorte.

Sie gehen wieder zurück nach Etzersdorf, fahren mit dem Bus etwa 14 Kilometern Richtung Norden und erreichen nach etwa einer halben Stunde den zweiten Apfelmann der „Schnopsroas", Karl Schloffer. Er betreibt mit seiner Frau und mit einem seiner beiden Söhne in Oberfeistritz einen Bio-Obstbaubetrieb und ist ein Apfelbauer aus Überzeugung. Davon können Sie sich schon einmal beim Durchstöbern des virtuellen Obstgartens überzeugen, wo Sie den Topaz, Wellant, Santana, Elise, Sissired, Crimson Crisp Apfel, die Novemberbirne, die Helene, Benedicte, Suncrest und den Symphonie-Pfirsich kennenlernen. Den Schau- und Naschgarten mit 30 verschiedenen Obstarten und über 100 Sorten sollten Sie aber vor Ort besuchen. Und wenn Sie über Neuigkeiten am und rund um den Biohof Schloffer informiert werden wollen, lesen Sie das kreativ gestaltete „Apflblattl".

Neben einem Williams-, einem Weichsel- und einem Kriacherlschnaps hat der Apfelmann eine Reihe spezieller Apfelbrandspezialitäten und -raritäten (Sommer-, Winter- und Herbstapfel, Maschansker, Gravensteiner, Schafnase).

Am Nachmittag geht's mit dem Bus ostwärts zum Stubenbergsee, wo Sie im Schloss Stubenberg, das seit 2001 als Hotel zur Verfügung steht, Quartier beziehen könnten. Das Hotel ist etwa 20 Gehminuten vom knapp 40 Hektar großen Stubenbergsee entfernt. Der See gilt als wärmster Badesee Österreichs und es lohnt sich hier länger zu bleiben.

Ihr erstes Ziel am nächsten Tag ist die Fruchtdestillerie Hödlhof, die Sie zu Fuß nach etwa 30 Minuten erreichen. Der Name Dunst/Thunst existiert seit 1700 am Hödlhof, den es seit mehr als 450 Jahre gibt. Die Familie Dunst betreibt hier einen traditionsreichen Obsthof, eine vielfach prämierte Destillerie und eine gemütliche Brennerstube, in der verkostet und Ab-Hof verkauft wird. Besonders sehenswert ist der „1. Österreichische Schnapslehrpfad", ein circa einen Kilometer langer Rundweg durch Obstgärten und Wälder, bestückt mit Informationstafeln zum Thema „Schnaps". Von der Frucht bis

Zwetschkenernte

zur richtigen Lagerung der Destillate erfährt der Besucher alles über die Herstellung der Edelbrände und Spirituosen. Der Weg kann ganzjährig kostenlos bewandert und besichtigt werden und ist auch Teil des Führungsprogrammes am Hödlhof. Nach einer circa einstündigen Tour durch den Schnapslehrpfad stehen ein 20-minütiger „Kellerflitzer", eine 30-minütige „Alles Schnaps"-Tour mit kommentierter Verkostung oder ein „Steirisches Rundum-Verwöhnprogramm" mit kommentierter Verkostung und einer abschließenden Brettljause zur Auswahl. Neu am Markt sind der mehrfach prämierte 1542 London Dry Gin, das Fasskeller Sortiment, das zehn in verschiedenen Holzfässern (Kastanie, Maulbeere oder Akazie) gelagerte Destillate umfasst, und eine Edelbrand Minibox mit 24 Miniaturen (20 ml), die zum Verkosten zu Hause einlädt. Mit rekordverdächtigen knapp 100 Prämierungen konnte der Hödlhof allein im Jahr 2018 beim World-Spirits Award, beim Goldenen Stamperl Wieselburg und bei der steirischen Landesverkostung sein hohes Qualitätsniveau eindrucksvoll unter Beweis stellen.

Immer einen Besuch wert ist der Tierpark Herberstein, den Sie in etwa 20 Minuten mit dem Bus vom Hödlhof aus erreichen. Für den 23 Hektar großen Wildtierpark mit einem Wegenetz von sechs Kilometern können Sie sich viel Zeit nehmen, da Sie erst am späten Nachmittag die Gelegenheit haben, weiterzureisen.

Vom Tierpark Herberstein gehen Sie am Nachmittag etwa zwei Kilometer nach Buchberg, nehmen einen Bus Richtung Hartberg bis Schildbach und steigen in den Bus Richtung Pöllau, wo Sie nach 1½ Stunden Winzendorf erreichen. Ein neuerlicher Fußmarsch über zwei Kilometer bringt Sie schließlich gegen Abend zu Ihrem nächsten Quartier, einer geräumigen Ferienwohnung von Waltraud und Alois Pöltl nach Pöllau/Schönau.

## Verkoster-Notizen »Der Geist der Apfelmänner«

### London Dry Gin+, 44 %vol

Distillery Krauss, 8541 Schwanberg
www.distillery-krauss.com
Mobil: 0650-3265641

feine, milde Wacholder- und Zitrus-Noten in der Nase; am Gaumen frisch, blumig, pfeffrig, wieder Zitrus, sehr harmonisch mit fantastischer Länge, animierend; TOP

### Hauszwetschke Zigarrenbrand, Zwetschken-Edelbrand in Eiche gelagert, 42 %vol

Obst & Wein-Abfindungsbrennerei Maria Steinbauer, 8510 Stainz
www.genuss-erleben.at
Tel: 03463-2578

sehr feines Aroma in der Nase, klare Frucht mit ausgewogenem Holz-Vanillespiel; auch am Gaumen fein, mild und dezent fruchtig mit ruhigem Holz; sehr harmonisch mit schöner Länge

### Schwarze Kirsche Zigarrenbrand, Kirsch-Edelbrand in Eiche gelagert, 43 %vol

Obst & Wein Abfindungsbrennerei Maria Steinbauer

sehr kräftige, fleischige Kirsche mit dezenten, feinen Holzaromen; Frucht bleibt am Gaumen sehr präsent, dunkle, reife, schokoladige Frucht, wieder mit leisem Holzcharakter; perfekte Harmonie, perfekte Länge, TOP

### H05-Zigarrenbrand „Kirsche", 45 %vol

Feindestillerie Hochstrasser, 8562 Mooskirchen
www.schnaps.at
Tel: 03137-2232-18

reife, fleischige Kirsche mit kräftigem Vanille-Fass-Ton; kernig-kräftig am Gaumen, schöner Fruchtcharakter mit gut eingebundenem Holz, typische Bitternote; schöne Länge

### Gravensteiner, Edler Brand aus dem Apfeldorf Puch, 40 %vol
Wilhelm Spezialitäten, 8182 Puch
www.wilhelm.at
Tel: 03177-4141

reifer, frischer Apfel in der Nase, würzig blumige Aromen; am Gaumen kräftige Frucht, Grenzgänger mit schöner Länge

### Apfelbrandcuvee aus alten Winterapfelsorten, 5 Jahre im Eichenfass gereift, 38 %vol
Karl und Paula Schloffer, 8184 Anger
www.schloffer.at
Mobil: 0664-3403349

intensiver Fass-Ton, Vanille; auch am Gaumen sehr holzbetont; Frucht wird etwas überdeckt; schöne Länge

### Zwetschke holzfassgelagert, 100 % Zwetschkendestillat 2015, Österreichischer Qualitätsbrand, 40 %vol
Hödlhof Fruchtdestillerie und Spirituosen, 8223 Stubenberg am See
www.edelbrand.at
Tel: 03176-8502

sehr schöne, reife, klare Frucht mit zartem Holz in der Nase; am Gaumen neuerlich fruchtig mit schönen Holz-Vanillearomen, bleibt lange am Gaumen; harmonisch

### Abellio, Apfelbrand nach der Abakusmethode, Elstar 2000, 40 %vol
Abakus Pucher KG; „Die Apfelmänner", 8182 Puch
www.abakus-puch.at

sehr duftige, blumige, frische, reife Frucht in der Nase; am Gaumen zarter, feiner Apfel; sehr schöne Länge, TOP

### Bona Dea, im Eichenfass gereifter Apfellikör 2004, 22 %vol
Abakus Pucher KG; „Die Apfelmänner"

alter Apfel mit süßem Holz im Geruch, am Gaumen reifer Apfel mit kräftigen Holzaromen; sehr eigenwillige Likörvariante

# STEIRISCHE GENUSSREGIONEN

2. TEILSTRECKE // 5 TAGE

Schönau – Graz – St. Lorenzen – St. Barbara – Graz – Riegersburg – Graz – Wien

(622 Bahn-/Buskilometer, 33 Kilometer zu Fuß)

5. ROUTE

Waltraud und Alois Pöltl sind mit dem Naturpark Pöllauertal eng verbunden und gelten als Pioniere in der Verarbeitung der steirischen Hirschbirne.

Am Vormittag gibt es eine Schnapsverkostung, wobei der Schwerpunkt bei Birnenbränden liegt, etwa der Mostbirne, Grabenbirne, Ungarbirne und natürlich der Hirschbirne. Auch der Essig von der Hirschbirne schmeckt vorzüglich.

Waldweg im Herbst

Die Hirschbirne prägt nicht nur die kulinarische Landkarte des im Herzen der Oststeiermark gelegenen Pöllauer Tales. Die knorrigen Bäume mit ihren prachtvollen Kronen sind für das einmalige Landschaftsbild des Tales verantwortlich. Diese besondere Frucht stammt von einer alten steirischen Birnensorte, deren Name auf das Wort „Herbst" (abgeleitet von „Hiascht") zurückzuführen ist.

Größere Bestände dieser Bäume sind in der Steiermark nur noch im Pöllauer Tal erhalten. Die ältesten Hirschbirnbäume, meist in Baumreihen oder in Streuobstwiesen gepflanzt, sind 200 Jahre alt.

Landschaftliche Schönheit und Artenreichtum, traditionelle und umweltbewusste Bewirtschaftung sowie gelebtes Brauchtum haben dem Pöllauer Tal 1983 zum Prädikat „Naturpark" verholfen.

Die Auszeichnung „Genussregion" im Jahr 2006 ist für den Naturpark Pöllauer Tal eine weitere große Bestätigung für die bisherige Arbeit und die Spezialisierung auf die Hirschbirne als Leitprodukt.

Mit der Wiederentdeckung der Hirschbirne gab es eine Ausweitung der Produktpalette. Wurde ursprünglich der Hirschbirnensaft zu Most vergoren, Schnaps gebrannt oder die Birne getrocknet, so gibt es mittlerweile einen sortenreinen Hirschbirnenessig, Marmeladen und Gelees.

Um die Mittagszeit geht es mit dem Bus etwa 2 Stunden zurück nach Graz und weiter mit der Bahn circa eine halbe Stunde nach Kapfenberg. Von hier fahren Sie mit dem Bus 20 Minuten nach St. Lorenzen, wo die Edelbrennerfamilie Gusti und Hubert Hirtner auf Ihren Besuch wartet. Hubert ist ein wahrer „Allrounder", ein Jäger, ein Mountainbiker, ein Skifahrer und Bergwanderer und ein guter Schnapsbrenner obendrein. Seine Frau Gusti unterstützt ihn am Brennkessel ebenso wie beim Verkosten und im Verkauf. Besondere Empfehlungen: die Zwetschke, die Kirsche, die Weichsel, die Williams und der Whisky. Nach der abendlichen Verkostung können Sie im Gasthaus des Wein- und Käsesommeliers Gerald Hölzl nächtigen. Sie haben beim Roanwirt die Auswahl, im „Seil-Bett", „am Bründlweg", „am Hochschwab", bei der „Besen-Mitzi" oder am „Heuboden" zu schlafen.

Nach dem Frühstück geht's von St. Lorenzen circa zwei Kilometer zu Fuß zum Bahnhof Marein und mit der Bahn drei Haltestellen bis St. Barbara im Mürztal, der letzten Station dieser steirischen „Schnopsroas". Hier besuchen Sie das Trachtenmodenhaus Wernbacher in der Grazerstraße. Das Familienunternehmen besteht seit 65 Jahren und beschäftigt sich vorwiegend mit Trachtenmode. Das Besondere an diesem Haus ist die wohl einzigartige Verbindung zwischen Bekleidung für jeden Anlass, einer Schaf- und Ziegenhaltung vom Aussterben bedrohter Rassen und einer mehrfach prämierten Destillerie. Edgar Wernbacher legt viel Wert auf regionaltypische Produkte. Dafür sorgen zahlreiche heimische Lieferanten und eine eigene Holunderanlage. Die hohe Qualität seiner Edelbrände haben sowohl die Juroren der IWSC in London, der Destillata, des World-Spirits Awards und der Ab-Hof in Wieselburg mehrfach bescheinigt. Eine Reihe reinsortiger Apfelbrände, ein besonders fruchtiger Apfel-Cuvee, eine vorzügliche Zwetschke und Kirsche sollten jedenfalls verkostet werden, bevor Sie die Rückreise nach Graz antreten.

Am nächsten Morgen machen Sie sich auf den Weg in die Genussregion Riegersburg ins steirische Vulkanland. Dafür sollten Sie sich einige Tage Zeit nehmen. Neben der Edelbrand- und

Essigmanufaktur von Alois Gölles und der Schokomanufaktur von Josef Zotter warten auch die Lava Bräu-, Whisky- und die Vulcano Schinken Manufaktur darauf, von Ihnen entdeckt zu werden: viel Handwerkliches, viel Kulinarisches laden zu einem Aufenthalt in der Südoststeiermark ein.

## Tipp

Vom Genusshotel Riegersburg führt ein jeweils zehn bzw. zwölf Kilometer langer Genusswanderweg in einer Ost- und einer Westschleife zu den kulinarischen Highlights der Region. Im Rahmen des kulinarischen Herbstes Ende September laden zahlreiche Betriebe der Genussregion zum Besuch ein.

Gölles Sinnestunnel „Schnaps riechen"

Vom Grazer Ostbahnhof fahren Sie mit der S-Bahn bis Feldbach, nach einer halbstündigen Wartezeit mit dem Regionalbus nach Riegersburg und die letzten drei Kilometer gehen Sie zu Fuß zum Hotel.

Dieses terrassenförmig angelegte Hotel ist ein Projekt des Pioniers, Edelbrenners, Essigerzeugers, Kulturschaffenden, Regionalentwicklers und leidenschaftlichen Genießers Alois Gölles. Das Genusshotel Riegersburg trägt die Handschrift der Familie Gölles und bietet neben einem Essigkeller, einem Schnapstresor, einem Schinken- und Käsereiferaum und einem Kaminzimmer vor allem auch jene kulinarischen Genüsse, für die das „Steirische Vulkanland" und die Steiermark bekannt sind: Vulcano-Schinken, Starzenberger Käse, Zotter Schokolade, Almochsenfleisch, Wildbachforelle, Käferbohnen, Kürbiskernöl, Most, Schilcher, Sulmtaler Huhn, Weizer Berglamm und Welschriesling.

Nach dem Essen schnüren Sie die Wanderschuhe, begeben sich auf den Genusswanderweg und starten zur etwa sieben Kilometer entfernten Brennerei und Essigmanufaktur Gölles. Eine Führung durch die Brennerei und die Essigmanufaktur mit anschließender Essig- und Schnapsverkostung zählt sicherlich zu den Höhepunkten dieser Tour und der „Schnopsroas" überhaupt. Dabei sollten Sie sich den Herzkirsch-, Himbeer-, Hirschbirn-, Holler-, Kriecherl-, Maschansker-, Tement Muskateller-Edelbrand sowie einige XA (extra alte)-Raritäten von Gravensteiner, Vogelbeere und Williams nicht entgehen lassen. Zugegeben sehr viele Kostproben, aber es lohnt sich, diese Herausforderung anzunehmen.

Und außerdem sollten Sie für die nachfolgende Essigverkostung gut vorbereitet sein. Auch hier können Sie aus einer großen Auswahl gustieren. Etwa Quitten-, Tomaten-, Zwetschkenessig,

Balsam Apfel-, Balsam Birnen-, Balsam Weinessig, Weißer Balsam-, XA-Balsam-Apfelessig und Essiggelee.

Übrigens: 20 Prozent der Gölles-Produkte gehen in den Export, 20 Prozent werden ab Hof verkauft und der Rest verteilt sich auf Fachhandel, Gastronomie und private Endverbraucher. Obst- und Tresterbrände halten sich inzwischen mit Essig umsatzmäßig die Waage.

Alois Gölles gehört zweifelsohne zu den Pionieren und Vordenkern der Österreichischen Edelbrand- und Essigszene. Er war einer der Ersten, der von Beginn an nur die besten und schönsten gereiften Früchte, die er vor seiner Haustüre erntete, verarbeitet hat. Er hat eine Brennanlage nach eigenen Plänen aus Kupfer und Stahl fertigen lassen. Er hat mit der „Alten Zwetschke" bewiesen, dass ein Edelbrand nicht immer klar sein muss und auch fassgelagerte Edelbrände ihre Liebhaber finden. Mit dem Auspflanzen Tausender Kriecherl-, Hauszwetschken-, Maschansker- oder Saubirnen-Bäume in den 1990er-Jahren sorgte er dafür, dass alte und schon sehr selten gewordene Obstsorten nicht ausstarben und heute die Basis für regionale Produkte bilden. Alois Gölles ist Gründungsmitglied der Quinta Essentia, einer Vereinigung österreichischer Spitzenbrenner, in der er gemeinsam mit Valentin Latschen, Reinhard Wetter, Karl Holzapfel und Hans Reisetbauer an der Imagepflege des Österreichischen Edelbrandes arbeitet. Gemeinsam mit der Schokomanufaktur Zotter hat er einen Schokolikör und Schokogeist auf den Markt gebracht. Tatkräftige Unterstützung hat er nicht nur von seiner Gattin Herta, sondern auch von seinem Sohn David, der den „Brexit Whiskey" und den „Hands on Gin" sehr wesentlich mit entwickelt hat.

Nach insgesamt 14 Kilometern und einer Gehzeit von etwa drei Stunden haben Sie wieder den Ausgangspunkt, das Genusshotel, erreicht, wo Sie in einem Außenpool den Blick zur Riegersburg genießen können.

Am nächsten Tag steht eine weitere Genusstour auf dem Programm. In knapp einer Stunde wandern Sie gemütliche sechs Kilometer zur nächsten Manufaktur, zu jener, die sich der Verarbeitung von fair gehandelten Kakaobohnen und rundum biologischen Zutaten verschrieben hat. Der Chocolatier und Bio-Landwirt Josef Zotter hat seinen elterlichen Hof in Bergl in 16 Jahren zu einer Erlebniswelt um- und ausgebaut. Spätestens bei einer Verkostungstour durchs Schoko-Laden-Theater werden Sie Zotters Qualitäten schätzen lernen, mit denen er sich zu den acht besten Schokoladenherstellern der Welt hinaufgearbeitet hat. Am Vormittag geht's wieder zu Fuß zurück. Nach einem stärkenden Mittagessen fahren Sie mit dem Postbus etwa eine Stunde über Oberlembach, Oberstang, Pöllhof, Riegersburg, Bergl und Kornberg bis Auersbach.

Ziel ist die vorletzte Station dieser Tour, die Lava Bräu Braumanufaktur der Technikum Extrakt Getränke GmbH, die einen Brauereibetrieb mit angeschlossener Whiskybrennerei führt. Seit dem Jahr 2002 werden am Standort des Innovationszentrums in Auersbach mit einer Mikrobrauanlage ein Pilsner, ein dunkles Roggen Märzen, ein Honigbier und andere Spezialsorten gebraut. Seit 2003 widmen sich der Braumeister Günter Schmidt, sein Bruder Roman und Christian Krotschek in Kooperation mit einer burgenländischen Vakuumbrennerei auch dem Whisky. Infolge der Nähe der Whiskyherstellung zur Braukunst ist das wenig überraschend. Tiefenquellwasser, Essenzen einer nahe gelegenen Heilquelle und gebrauchte Barriques-Fässer, aber auch Spezialhölzer wie Maulbeere oder Kirsche aus der Region sorgen für einen regionaltypischen Touch der Lava Whiskys. Für eine 45 Minuten dauernde Führung sollten Sie sich telefonisch voranmelden. Dabei lernen Sie den Prozess des Bierbrauens kennen, verkosten zwei Biersorten und natürlich auch die hauseigenen Whiskys, den Brisky Single Malt, den im karibischen Rumfass gereiften Brisky, den Mais Whisky Woazky, den 47 %vol-starken, als Single Cask ausgebauten Genesis, den Roggen Whisky und einen Eau de vie de bière, ein Destillat aus Malz und Hopfen mit und ohne Fasslagerung.

Knapp vier Kilometer davon entfernt ist das nächste und letzte Highlight der Riegersburg-Tour, die Vulcano Schinkenmanufaktur. Auf dem Weg durch die neue Schinkenwelt werden Ihnen das Weingewölbe, der Genussshop, die Schinkenbar und der Schinkenreiferaum besonders ins Auge stechen. Kulinarik pur und Genuss für alle Sinne erwarten Sie hier. Der österreichische Vulcano ist drauf und dran in den Schinkenolymp der ewig Besten aufzusteigen. Mit der Genussregion „Steirischer Vulkanland Schinken" wurde schon einmal ein wichtiger Schritt gesetzt. Zu Fuß geht's wieder vier Kilometer zurück nach Auersbach, weiter mit dem Postbus nach Feldbach. Nach etwa einer Stunde erreichen Sie mit der Bahn über Gleisdorf die steirische Landeshauptstadt Graz, wo Sie die Rückreise nach Wien antreten.

## Verkoster-Notizen »Steirische Genussregionen«

### Pöllauer Hirschbirnen Brand, 40 %vol
Naturpark-Bauernhof Pöltl, 8225 Pöllau
www.poeltl.at
Tel: 03335-20 45

holzig, rustikale Mostbirne; Dörraromen; frische Aromatik am Gaumen, finessenreich, würzig; langer Abgang

### Qualitätsbrand 100 % Destillat Zwetschke, 41,5 %vol
Gusti und Hubert Hirtner, 8642 St. Lorenzen im Mürztal
www.hirtner.at
Mobil: 0664-1509765

sehr fruchtig, reintönig und klar in der Nase; pfeffrig, fruchtig, leicht bitter am Gaumen; schöne Länge

### Edelbrand Zwetschke, 41,5 %vol
Wernbacher, Gut Hollerbichl, 8662 St. Barbara im Mürztal
www.trachten-wernbacher.at
Tel: 03858-2227

feine, zarte Frucht in der Nase mit pfeffrig blumiger Ausprägung; auch am Gaumen sehr viel Frucht; würzig, animierend, harmonisch, langer Abgang

### Williams, 100 % reiner Williamsbrand, 43 %vol
Gölles Manufaktur, 8333 Riegersburg
www.goelles.at
Tel: 03153-7555

reife Frucht, sortentypisch; zeigt sich auch am Gaumen sehr fruchtig und würzig; harmonisch mit langem Abgang

### Alter Apfel 1992 100 % reiner Apfelbrand im Eichenfass gelagert
Gölles Manufaktur

sehr reifer, karamelliger Duft; weich, breit und viel Holz am Gaumen; bleibt extrem lange am Gaumen animierend; TOP

**Obstler 1996, 100 % reiner Obstbrand, 43 %vol**
Gölles Manufaktur

sehr frisches, feingliedriges Obst, mild und klar am Gaumen, langer Nachhall

**BBB, Bierbrand Barrique 2011, 100 % Malz- und Hopfendestillat, fassgereift, 39,6 %vol**
TEG GmbH, Lava Bräu, 8330 Feldbach
www.lavabraeu.at
Tel: 03152-8575201

typisches Bier-Hopfenaroma in der Nase mit gut eingebundenem Holz; am Gaumen wiederholen sich die ausgewogene Bieraromatik und der feine Vanillecharakter des Holzes; bleibt lange am Gaumen

# AM WEG ZUR SCHNAPS-GENUSS-MEILE

**1. TEILSTRECKE // 5 TAGE**
Wien – Kukmirn – Horitschon – Kobersdorf – Marz – Semmering – Breitenstein – Unterhöflein – Zweiersdorf – Eisenstadt
(600 Bahn-/Buskilometer, 22 Kilometer zu Fuß)

**6. ROUTE**

Die nächste Tour startet von Wien ins Brennerdorf Kukmirn, führt Sie in die Metropole des Blaufränkischen nach Horitschon, wechselt nach Niederösterreich zum Semmering, dann in die Fruchtwelt nach Zweiersdorf und endet wieder im Burgenland. Diese Route mit öffentlichen Verkehrsmitteln zu bewältigen ist herausfordernd, aber nicht unmöglich, sofern sie gut geplant wird.

### *Tipp*

An einem Wochenende Anfang September findet in Kukmirn eine Schnaps-Genuss-Meile statt. Zum Auftakt gibt's ein Apfel-Menü in drei Gängen. Am Tag darauf haben Sie auf einer 5 km langen Wanderroute die Gelegenheit, einige Obstbaubetriebe und Brennereien zu besuchen.

Start ist in Wien Hauptbahnhof, wo es stündlich eine gute Zugverbindung in den Süden gibt. Nach einer knapp dreieinhalbstündigen Anreise erreichen Sie das Brennerdorf Kukmirn, wo Sie im ersten und einzigen Brennereihotel Österreichs, im Wohlfühlhotel Lagler, einchecken können.

Kukmirn bildet als größtes Apfeldorf des Burgenlandes das Zentrum der Genussregion „Südburgenländischer Apfel".

Ein dreieinhalb Kilometer langer Fußmarsch führt zu einem burgenländischen Spitzenedelbrenner, zum Obsthof Zotter. Der Name Zotter ist in Edelbrennerkreisen durch seine Prämierungserfolge bestens bekannt. Saisonales Frischobst, als besondere Spezialität der „Bigala", ein Saft aus Uhudler-Trauben und Äpfeln, Apfelmost, Uhudler, Weine und eine Vielfalt an Obst-, Traubenbränden und natürlich die Hausspezialität, der Uhudler Trauben- und Tresterbrand, zählen zu der großen Frucht- und Produktpalette der Zotters.

Nach der Rückkehr ist eine Führung durch die Brennerei Lagler mit anschließender Verkostung zu empfehlen. Die Grundlage für die Obstverarbeitung bilden eigene Obstgärten auf einer Fläche von rund 13 Hektar rund um das Hotel und die Brennerei. Das warme, fruchtbare Klima des Südburgenlandes sorgt für ein gutes Rohprodukt. Dieses wird einerseits zu Most und Fruchtsäften verarbeitet. Andererseits werden mit einer schonenden, effizienten und energiesparenden Destillationsmethode, dem Niedertemperaturdestillationsverfahren in Vakuum, besonders aromareiche Destillate hergestellt. Die Vakuumtechnik ist seit 2009 in der Destillerie Lagler in Anwendung. Wesentlicher Unterschied dieser in der Fruchtsaft- und Marmeladenindustrie sowie im modernen Qualitätsweinbau eingesetzten Technologie ist die Temperatur. Unter Vakuum reicht eine Temperatur von 38 °C statt 83 °C aus, um die Aromen, den Fruchtgeschmack und die Inhaltsstoffe zu destillieren. Zum anderen kann die relativ lange Destillierzeit von zwei bis drei Stunden pro Kesselfüllung (350 l) deutlich reduziert und damit die Tagesleistung um einiges erhöht werden.

Die Brennerei Lagler verfügt über ein Brennrecht aus der Zeit Maria Theresias.

In der „Schnapsboutique" haben Sie eine Auswahl von knapp 40 verschiedenen Edelbränden und Likören – allesamt mehrfach prämiert. Dabei sollten Sie sich keinesfalls die Kirsche, Kukmirner Golden, Zwetschke im Fass, Pannonia Korn Malt und den Kräutertaubrand entgehen lassen. Nach einer entspannenden Nächtigung setzen Sie die burgenländische „Schnopsroas" am nächsten Tag mit der Reise nach Horitschon fort.

Sie sind nun mitten im Blaufränkischland und schlagen Ihre Zelte im Gästehaus Trummer auf. Mit leichtem Gepäck marschieren Sie zu Ihrem nächsten hochprozentigen Ziel, zu Karin und Emmerich Kohlmann. Für die vielfältige, hochdekorierte Produktpalette des Brennerduos sollten Sie sich Zeit nehmen. Sie reicht vom Zwetschken-, Kirsch-, Bärlauch-, Graumohn-, über Mispel-, Vogelbeer-, Himbeer-, Quitten- bis zu Trauben-, Trester-, Marillen- und Pfirsichbränden und zahlreichen Cremelikören wie Rum-Kokos-Schoko, Schoko-Chili und vielen mehr. Und noch ein Tipp unter uns: Karin ist eine exzellente Köchin.

Am nächsten Vormittag steht ein Besuch des Rotweinhofes Amminger auf dem Programm. Hier lernen Sie burgenländische Weinkultur kennen und genießen die feine, vielschichtige Frucht- und Tanninstruktur der Sorte Blaufränkisch, des typischen burgenländischen „Roten".

Ob Sie die Verkostungen in dieser Reihenfolge – also Edelbrand am Abend und Rotwein am Vormittag – oder umgekehrt planen, sollten Sie davor mit den Kohlmanns und Ammingers abklären.

Wenn Sie im Juli reisen, lohnen sich eine Verlängerung und ein Besuch der Schloss-Spiele Kobersdorf. Kobersdorf liegt etwa 14 Kilometer westlich von Horitschon und ist mit dem Bus im direkten Weg oder über Operpullendorf erreichbar. Nach den Vorbildern von Mörbisch und Forchtenstein wurden 1972 Sommerspiele ins Leben gerufen. Seit 2003 ist der Romy-Preisträger und Schauspieler Wolfgang Böck Intendant der Schloss-Spiele Kobersdorf. Er setzt die Serie lebendiger, unterhaltsamer Komödien im Arkadenhof des Renaissanceschlosses fort und ist auch selbst auf der Bühne zu sehen.

Dazu übersiedeln Sie am besten am späten Nachmittag über Weppersdorf nach Kobersdorf. Die Quartiere sind zu dieser Zeit rar, daher sollten Sie schon rechtzeitig ein Zimmer reservieren. Ein Zimmernachweis der Marktgemeinde Kobersdorf unterstützt Sie dabei. Vor der Aufführung genießen Sie noch ein Abendessen mit einem Bio-Bier vom Kobersdorfer Schlossbräu.

Nach einem vergnüglichen Abend in Kobersdorf reisen Sie am nächsten Tag zuerst nach Marz und besuchen einen weiteren burgenländischen Top-Edelbrenner, Thomas Schmidl. Er betreibt am Fuße des Rosaliengebirges die Destillerie Stockvogler als landwirtschaftlichen Familienbetrieb. Das Sortiment des Obstbaubetriebes besteht aus 25 Bränden und 5 Likören. Zusätzlich veredelt der Betrieb das eigene Obst zu Marmeladen und Chutneys. Seit 1997 werden im eigenen Most- und Weinheurigen hausgemachte Fleisch- und Wurstwaren angeboten. Besonders zu empfehlen sind sein Merlot Hefe- und sein Aroniabrand.

Da Sie sich in der Nähe eines weiteren UNESCO Weltkulturerbes, der Semmeringbahn befinden, ist ein Abstecher in die Region Breitenstein – Semmering naheliegend. Sie fahren in eineinhalb Stunden vom Bahnhof Marz-Rohrbach über Wr.

Neustadt und Gloggnitz zum Bahnhof Semmering. Im Bahnhofsgebäude am Semmering besuchen Sie das 2005 errichtete Informationszentrum und wandern anschließend entlang des Bahnkörpers etwa neun Kilometer nach Breitenstein. Der Lohn der Wanderung sind großartige Panoramablicke und einzigartige Aussichtspunkte.

In Breitenstein ist das Gasthaus Zum Blunzenwirt zu empfehlen, der für seine Vielfalt an Blunzengerichten bekannt ist.

Am nächsten Tag machen Sie sich auf den Rückweg, zuerst zu Fuß auf dem direkten, halb so langen Weg zum Bahnhof Semmering, dann mit dem Railjet knapp eine Stunde nach Wr. Neustadt und weiter über Unterhöflein nach Zweiersdorf zur Fruchtwelt von Mohr-Sederl.

Diese Fruchtwelt der Familie Mohr-Sederl liegt direkt am Fuß der Hohen Wand mit herrlichem Ausblick auf die „Neue Welt". Das Familienunternehmen ist für naturtrübe Fruchtsaftkombinationen sowie Most- und Schnapsspezialitäten bekannt. Das Sortiment umfasst eine große Anzahl verschiedener Fruchtsäfte, mehrere fruchtige Moste sowie zahlreiche prämierte Obstdestillate und -liköre. Die Produkte werden ab Hof, in der Gastronomie und im ausgewählten Handel vertrieben. Im Frühjahr 2011 wurde in ein neues, 400 m² großes Betriebsgebäude investiert, in dem jene 95 Prozent des Obstes verarbeitet werden, die aus weniger als 100 Kilometer Entfernung kommen. Die Obstproduzenten, viele seit Jahren Vertragspartner, akzeptieren für einen überdurchschnittlichen Preis strenge Qualitätskriterien. Verpresst werden, vorwiegend im September, Oktober und November, Äpfel und Birnen ausschließlich aus Niederösterreich und der Steiermark. Dazu gibt es Mischungen mit Karotten aus Österreich sowie Himbeeren und Weichseln, die aus Ungarn kommen. 400 Tonnen Obst verarbeitet Mohr-Sederl pro Jahr zu rund 250.000 Liter Saft. Immer wieder ein hochprozentiges Trinkerlebnis: Edelbrände von Zwetschke, Kriecherl, Hirschbirne, Marille, Kirsche oder Himbeertrester und – sein jüngstes Destillat – der „Kaiser Gin" aus Alpen-Wacholder.

Sie fahren wieder zurück über Neunkirchen nach Wr. Neustadt und weiter nach Eisenstadt, wo Sie übernachten.

Birnen

## Verkoster-Notizen
## »Am Weg zur Schnaps-Genuss-Meile«

### Uhudler Traubenbrand, 39 %vol

Obsthof Zotter, 7543 Kukmirn
www.obsthof-zotter.at
Tel: 03328-320 27

reife Traube in der Nase; am Gaumen fruchtig, beerig, zarte Bitternote; harmonisch mit langem Abgang

### Kukmirner Golden Österreichischer Qualitätsapfelbrand, 38 %vol

Brennereihotel Lagler, 7543 Kukmirn
www.brennerei.lagler.cc
Tel: 03328-32003-11

reife Frucht, wunderschönes Apfelaroma mit feiner Holz-Note im Hintergrund; fruchtig süß am Gaumen, Vanille, sehr harmonisch, schöne Länge; TOP

### Zwetschken aus dem Eichenfass Öster. Qualitätsbrand, 43,5 %vol

Destillerie Emmerich und Karin Kohlmann, 7312 Horitschon
www.kohlmann.at
Mobil: 0664-4964909

etwas verhaltene Frucht mit ebenso dezentem Fass-Ton in der Nase; wird am Gaumen aber sehr fruchtig mit feinem Vanilleton; harmonisch

### Merlot Hefe, Österreichischer Qualitätsbrand, 41 %vol

Destillerie Stockvogler/Thomas Schmidl, 7221 Marz
www.stockvogler.at
Mobil: 0664-5821924

sortentypische Frucht in der Nase mit feiner Hefenote; am Gaumen vollmundig, reif, gut ausbalanciert mit schönem Nachhall, TOP

**Aronia, Österreichischer Qualitätsbrand, 38 %vol**

Destillerie Stockvogler/Thomas Schmidl

sehr frische Marzipannote; am Gaumen dicht und erdig, viel Volumen, wieder feiner Marzipanton; sehr harmonisch; schöne Länge

**Kaiser Gin, 42 %vol**

Mohr-Sederl Fruchtwelt, 2732 Zweiersdorf
www.mohr-sederl.com
Tel: 02620-2395

sehr dezenter Wacholder mit schöner Würze, herb und blumig; am Gaumen ebenso; dezent, elegant, aber auch pfeffrig, würzig, grüner Apfel; leicht bitter, harmonisch mit schöner Länge

# RUND UM DEN NEUSIEDLER SEE

**2. TEILSTRECKE // 4 TAGE**
Eisenstadt – Oslip – Rust – Trausdorf – Großhöflein – Neusiedl/See – Weiden/See – Gols – Frauenkirchen – St. Martin's Therme – Pamhagen – Wien
(189 Bahn-/Buskilometer, 46 Kilometer zu Fuß)

Das östlichste Bundesland hat neben Wein und Edelbränden viel Kultur zu bieten – das liegt vor allem am Komponisten Joseph Haydn, der als Hofmusiker den größten Teil seiner beruflichen Laufbahn auf dem Landsitz der Familie Esterhazy verbracht hat.

Burgenland

Sie starten Ihre Rundreise vom Eisenstädter Domplatz nach Oslip zum Winzer, Landwirt und Edelbrenner Stefan Schumich. Schon allein der enormen Vielfalt sortenreiner Trauben-, Trester und Weinbrände wegen lohnt sich ein Besuch im Weinhaus Schumich. Als Winzer stellt er dafür die Basis, vorwiegend heimische, alteingesessene Rebsorten, zur Verfügung. Aus den fruchtigen, eleganten Weißweinsorten Grüner Veltliner, Welschriesling, Weißburgunder und Goldburger sowie den dunklen, kräftigen Rotweinsorten Blaufränkisch, St. Laurent und Zweigelt destilliert der Edelbrandsommelièr Stefan Schumich mit kollegialer Unterstützung feingliedrige, elegante, würzige, vielschichtige und vielfach prämierte Edelbrände. Nehmen Sie sich Zeit für eine Verkostung im Degustationsraum des renovierten Stammhauses und genießen Sie einen Blick auf die Weingärten und den Neusiedlersee. Jedenfalls bietet sich eine Verkostung der Schnäpse mit den dazupassenden Weinen an, aus denen sie destilliert wurden.

Weiter geht die Reise nach Rust. Der gesamte Altstadtbereich von Rust ist denkmalgeschützt. Die gepflegten Barock- oder Renaissancefassaden mit schönen Fenster- und Portalrahmungen, Erkern, Wappen- und Stuckdekorationen sind besonders sehenswert. Das historische Stadtzentrum von Rust steht unter dem Schutz der „Haager Convention zum Schutz von Kulturgut bei bewaffneten Auseinandersetzungen" und ist ein wichtiger Teil des UNESCO Weltkulturerbes Fertö/Neusiedler See.

Sie fahren mit dem Regionalbus zurück Richtung Eisenstadt und unterbrechen Ihre Fahrt in Großhöflein.
Besuchen Sie die Manufaktur Zöchmeister in Großhöflein. Der Brennmeister Christian Zöchmeister hat sich der Herstellung hochprozentiger, feinfruchtiger Obstraritäten verschrieben.

Als „Top Destillerie Burgenland" verfügt er über vorzügliche Edelbrände, einen Muskat Traubenbrand, einen Gelben Muskateller Tresterbrand oder einen Neuburger Weinbrand im Fass bzw. einen ausgezeichneten Kirschbrand.

Sie verbringen eine weitere Nacht in Eisenstadt und fahren mit dem Regionalbus nach Neusiedl am See bis zur Haltestelle Bad Neusiedl, wandern die Seestraße circa zwei Kilometer entlang zum Neusiedler See und genießen einige Sonnenstrahlen.

Ein Spaziergang führt Sie am See entlang circa vier Kilometer nach Weiden am See. Einen Steinwurf vom Bahnhof entfernt liegt der „Brennerstadl" von Dr. Günter Spindler. Eine Destillata-Plakette am Eingangstor weist unmissverständlich darauf hin, dass den Besucher hier höchste Qualität erwartet. Eine solche wurde dem ursprünglich aus dem niederösterreichischen Weinviertel stammenden gelernten Arzt immer wieder im Rahmen der Destillata für seine Edelbrände bescheinigt.

Er hat vor mehr als 30 Jahren seine Passion für den Obstbau, die Destillation und die Erzeugung hochwertiger Edelbrände entdeckt und durch konsequentes Lernen und Verfeinern der Technik ständig verbessert.

Nach dem Erwerb der idealen Räumlichkeiten, einem Stadel mitten in Weiden, hat er diesen behutsam restauriert und darin eine sehenswerte Brennerei eingerichtet. Dort entstehen und reifen vorzügliche Destillate in Glasballons und Holzfässern. Die Rohstoffe für die Destillate stammen großteils aus eigener Erzeugung aus dem Weinviertel, ergänzt durch das Angebot regionaler Spezialitäten aus dem Seewinkel. Das Sortiment umfasst je nach Jahrgang bis zu 50 verschiedene Produkte, wobei Raritäten wie Dirndl, Mispel, Vogelbeere, Walderdbeere, Enzian oder Topinambur und Destillate aus der Traube einen besonderen Stellenwert einnehmen. Und wenn man Glück hat, kann man auch die eine oder andere Fassprobe eines Wein- oder Tresterbrandes, eines Rums oder Whiskys verkosten.

Dann geht's mit der Bahn weiter in den Weinort Gols. Namen wie Achs, Gsellmann, Heinrich, Iro, Nittnaus, Pittnauer, Stiegelmar, Szigetti oder Wendelin prägen nicht nur die Namensschilder der Häuser in dieser Marktgemeinde, sondern stehen auch für höchste burgenländische und österreichische Weinkultur. Etwa die Hälfte des Gemeindegebiets ist mit Weinreben bepflanzt und etwa 400 Weinbaubetriebe (bei knapp über 1 000 Haushalten) sorgen dafür, dass diese Reben auch zu vorzüglichen Weinen gekeltert werden.

Mit einer der letzten Bahnverbindungen des Tages fahren Sie nach Frauenkirchen und erreichen nach einem einstündigen Fußmarsch die St. Martins Therme & Lodge.
   Damit befinden Sie sich mitten im vierten UNESCO Weltkulturerbe, in der Grenzregion Fertö/Neusiedler See. 2001 wurde diese Region, die zu einem Drittel auf ungarischem und zwei Drittel auf österreichischem Boden liegt, wegen der unterschiedlichen Kulturen, der vielfältigen Kulturlandschaft, den klimatischen und ökologischen Überlappungen, der Artenvielfalt in Flora und Fauna zum Weltkulturerbe erklärt.

Sie genießen nach dem Frühstück einen gemütlichen Thermenaufenthalt, gehen um die Mittagszeit nach Frauenkirchen und fahren etwa 16 Kilometer mit dem Bus im direkten Weg nach Pamhagen zur Brennerei Steiner. Die Brennerei wird bereits in der dritten Generation betrieben. Das milde pannonische Klima und ein optimaler Standort bilden die Grundlage für Herbert Steiners Brennerei-Handwerk, das er Anfang der 1990er-Jahre von seinem Vater übernommen hat. Sein umfangreiches Sortiment umfasst viele regionaltypische Wein-, Weinhefe- und Tresterbrände. Mit seinem Wiesen-Gin und seinem Rum hat er sich auch auf das Experimentierfeld der „New Spirits" gewagt und schafft mit seinem Kolonnenbrenngerät (siehe Seite 213) höchste Qualität. Dies beweisen seine zahlreichen Prämierungserfolge, bei denen er von seinen beiden Söhnen, mit denen er die NÖ Edelbrandsommelièrausbildung absolviert hat, in der Vorauswahl der Produkte unterstützt wird.

## *Verkoster-Notizen*
## *»Rund um den Neusiedlersee«*

**Late Harvest Branntwein, Österreichisches Erzeugnis, 40,0 %vol**
Weinhaus Schumich, 7064 Oslip
www.weinhaus-schumich.at
Tel: 0664-3947370

sehr weiche, klare Weincharakteristik in der Nase; am Gaumen dezente Muskatnote, sehr fruchtig und überzeugend; harmonisch mit perfektem Nachhall; TOP

**Tresterbrand Muskat Ottonel, Österreichischer Qualitätsbrand aus 100 % Fruchtdestillat, 40 %vol**
Manufaktur Zöchmeister, 7051 Großhöflein
www.zoechmeister.at
Tel: 02682-75069

sehr klare, feine Trester-Muskatnote in der Nase; am Gaumen wieder fruchttypisches, frisches Hefe-Muskat-Spiel; perfekte Harmonie mit schöner Länge

### Kirschbrand, Österreichischer Qualitätsbrand aus 100 % Fruchtdestillat, 43 %vol
Weingut Zöchmeister

sehr reife, schokoladige, pure Frucht in der Nase; am Gaumen wieder pure, fleischige Frucht; sehr harmonisch, langer Nachhall; animierend; TOP

### Weichselbrand, 41,5 %vol
Spindlers Spezialitätenbrennerei, 7121 Weiden am See
www.brennerei-spindler.at

„filigran animierendes Gerüst überrascht mit eleganter Fülle am Gaumen"; komplexe Aromen in der Nase; sehr fleischig und kräftig am Gaumen, schokoladig, leichte Bittermandelnoten

### Pannonia Single Cask, 49 %vol
Spindlers Spezialitätenbrennerei

in der Nase ist ein fülliger Whiskycharakter erkennbar; kraftvoller Whisky mit angenehm eingebundener Fasstypizität; perfekte Balance und Länge; TOP

### Wiesen-Gin, 40 %vol
Brigitte und Herbert Steiner, 7152 Pamhagen
www.edelbrandsteiner.at
Mobil: 0664-2144019

sehr fruchtig in der Nase, Zitrone; auch am Gaumen schöne, fruchtig frische Aromen, Wacholder bleibt verborgen

### Gelber Muskateller Trester, 40,5 %vol
Brigitte und Herbert Steiner

sehr feine, frische Muskataromen in der Nase; am Gaumen wieder viel Traube mit dezenter Tresternote; schöne Länge

# ZWISCHEN DEN WEINRIEDEN

**1. TEILSTRECKE // 2 TAGE**
Wien – Bruck/Leitha – Göttlesbrunn – Rohrau – Wien
(113 Bahn-/Buskilometer, 24 Kilometer zu Fuß)

**7. ROUTE**

Es steht der Besuch einer Wein- und Haydn-Region auf dem Programm. Diesmal sind es die Region Carnuntum rund um Göttlesbrunn und das Geburtshaus der Komponisten Joseph und Michael Haydn in Rohrau.

Das Hauptaugenmerk gilt dem Wein, der Weintraube und allem, was man daraus destillieren kann – also Weinbrand, Traubenbrand, Tresterbrand und Gelägerbrand.

frische Weintrauben

## *Tipp*

Unter „Carnuntum Experience" bietet die Weinregion Carnuntum das ganze Jahr über Veranstaltungen, die dazu einladen die Region, Kultur und Kulinarik zu genießen. So etwa beim Sommerfrühstück, beim Rothirschlosen, beim Haydn-Markt, beim Open-Air-Konzert, beim Grillfest, beim Ganslessen, beim Winzerpfad, beim Wein- und Genussrundgang …

Etwa eine Stunde dauert die Anreise von Wien über Bruck an der Leitha nach Göttlesbrunn, wo Sie im Gästehaus Edelmann einchecken könnten.

Sie wandern etwa vier Kilometer an unzähligen Weingärten vorbei nach Höflein zu Petra Kollmann, der ersten von insgesamt drei Carnuntum-Trester-Destillerien. Hier gibt's ausgezeichneten Trester Sauvignon blanc, Trester Merlot, Trester Muskat/Riesling, Trester Muskateller und als fruchtige oder süße Abwechslung einen Oliver Traubenbrand, einen Apple Mint und einen Schoko Williams Creme Likör. Dann gehts wieder retour nach Göttlesbrunn.

» VIDEO
*Grete und Birgit Wiederstein*

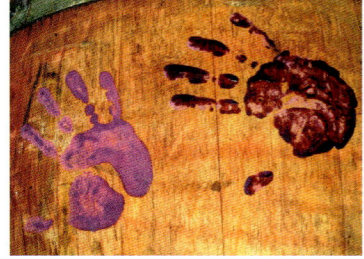

Sie lassen den Tag in der „Weiberwirtschaft" der Wiedersteins ausklingen. Grete ist eine ausgezeichnete Brennerin und nicht nur die Mutter von Birgit, einer begnadeten Winzerin, sondern auch vom „Carnuntum Trester"-Projekt, einem einzigartigen Erfolgsprojekt, einer Kooperation zwischen Spitzenwinzern und Spitzenbrennerinnen und

-brennern. Hier empfiehlt es sich, aus den vielen, feinfruchtigen, im Duft zarten, am Gaumen kräftigen Trester-, Trauben- und Zigarrenbränden jene zu wählen, für die es auch eine passende Weinbegleitung gibt. Da der Weg ins Quartier nicht weit ist, kann man sich ruhig auf dieses Experiment einlassen.

Nach dem Frühstück fahren Sie mit dem Regionalbus nach Bruck an der Leitha. Von hier geht's zu Fuß weiter knapp sechs Kilometer über die Landesgrenze ins burgenländische Bruckneudorf zu Thomas Rupp und dem dritten Carnuntum-Trester-Brenner. Martina und Thomas Rupp betreiben in der dritten Generation eine Landwirtschaft, den Heidehof. Neben dem Anbau von Marktfrüchten, dem Obst- und Weinbau hat sich der Betrieb vor allem mit ausgezeichneten Frucht- und Tresterdestillaten einen Namen gemacht. Weichsel, Quitte, Muskat Traube, die beiden Carnuntum Trester, der eine in Rot, der andere in Weiß sowie der Heidehof Gin im Jeans-Design sind beste Beispiele der Rupp'schen Destillatmanufaktur.

Knapp nach Mittag gehen Sie zu Fuß zurück in die Altstadt von Bruck und stärken sich beim „G'selchtn" mit bodenständiger Hausmannskost.

Etwa neun Buskilometer von Göttlesbrunn entfernt können Sie in Rohrau in die Welt der beiden Komponisten von Weltrang, Joseph und Michael Haydn, eintauchen. Rohrau ist deren Geburtsstätte und ihr Geburtshaus, ein schilfgedecktes Bauernhaus, ist heute eine Gedenkstätte und ein Museum. 2017 erfolgte die Renovierung des Geburtshauses, die Neuerrichtung eines Konzertsaales für Kammermusikabende und die Geburtsstunde der „Haydn-Region Niederösterreich".

Es lohnt sich jedenfalls, mit dem Bus von Bruck an der Leitha nach Rohrau zu fahren, bevor Sie Ihre Rückreise antreten. Sie haben stündlich eine Busverbindung. Achten Sie auf die letzte Bus- und Bahnverbindung des Tages von Rohrau nach Wien!

## Verkoster-Notizen »Zwischen den Weinrieden«

### Oliver Trauben Österreichischer Qualitätsbrand, 38,5 %vol

Petra Kollmann, 2465 Höflein
www.obstbau-kollmann.at
Tel: 02162- 63429

sehr fruchtige, blumige Traube, Muskat; am Gaumen wieder viel Frucht, lieblich fein, harmonisch und langer Nachhall

### Grappolino, Edeldestillat aus Sauvignon Blanc Trester, 41,8 %vol

Grete Wiederstein, 2464 Göttlesbrunn
www.wiederstein.at
Tel: 02162-8436

sehr zarte Tresternote in der Nase, viel Frucht; am Gaumen entfalten sich hefige Tresteraromen; feine Harmonie, ebenso im Abgang schöne Länge

### Old Stone, Edeldestillat aus Zuckerrübenmelasse im Fass gelagert, 43 %vol

Grete Wiederstein

In der Nase zeigt sich ein sehr schöner Vanille-Holzton, etwas Karamell und leicht krautig; am Gaumen erdig, bodenständig und auch Spuren seiner großen karibischen Schwester. Im leeren Glas zeigen sich nachhaltig Nuancen von Schoko, Karamell, Kakao; TOP

### Carnuntum Trester Blaufränkisch, 100 % Edeldestillat, 41 %vol

Heidehof, Thomas Rupp, 2460 Bruckneudorf
www.rupp-heidehof.at
Tel: 2162-62216

sehr feine Trester- und Traubenaromen in der Nase; auch am Gaumen typische, trockene Trebern; insgesamt sehr harmonisch mit langem Abgang

# VOM SCHNAPSMUSEUM ZUM HEURIGEN

**2. TEILSTRECKE // 5 TAGE**

Wien – Schloss und Park Schönbrunn – Schnapsmuseum in Meidling – Kirche am Steinhof – Naschmarkt – Hundertwasserhaus – Stammersdorf – Klosterneuburg Raasdorf – Deutsch Wagram – Wiener Prater

(153 Bahn-/Buskilometer, 20 Kilometer zu Fuß)

**7. ROUTE**

Die nächste Route ist der Bundeshauptstadt Wien gewidmet, mit einem kurzen Abstecher nach Klosterneuburg, Raasdorf und Deutsch Wagram. Für einen mehrtägigen Aufenthalt in Wien bietet sich das Wein & Design Hotel Rathaus der Familie Fleischhaker in zentraler Lage im ersten Bezirk an, aber natürlich gibt es in Wien jede Menge Unterkünfte.

In Wien haben Sie die Gelegenheit, noch zwei weitere UNESCO Kulturerbestätten kennenzulernen: zum einen das Zentrum der Stadt, das wegen des großzügig angelegten Stadtkerns mit seinem reichen architektonischen Erbe und seinen zahlreichen Monumentalbauten, der über 2 000 Jahre gewachsenen städtebaulichen Struktur und wegen des guten Rufes als Musikhauptstadt 2001 in die Weltkulturerbeliste aufgenommen wurde. Zum anderen das Schloss und der Park von Schönbrunn, die 1996 als herausragendes Gesamtkunstwerk und eines der eindrucksvollsten und am besten erhaltenen barocken Ensembles in Europa Weltkulturerbe-Status erhielten.

Sie können Ihre Wiener „Schnopsroas" mit einem Besuch im Schloss und Tierpark Schönbrunn beginnen.

Alt Wiener Schnapsmuseum

Weiter geht die Reise zum Alt Wiener Schnapsmuseum der Familie Fischer in Wien Meidling, Wilhelmstraße. Das Museum ist 45 Gehminuten vom Bahnhof Meidling entfernt. Eine Führung durch das historisch bedeutende Gebäude gibt Ihnen einen Einblick in die Tradition des Destilleriehandwerks in Wien. Vielen ist vermutlich das Hinweisschild zu dieser meistbesuchten Attraktion von Meidling bei der Westeinfahrt schon aufgefallen. Sie sollten sich die Zeit nehmen, diesem Hinweis zu folgen. Es lohnt sich! Alte Dampfbrennblasen aus Kupfer, ein holzvertäfelter Büroraum oder historische Registrierkassen lassen erahnen, wie und wo die Schnapsgeschäfte um 1900 gelaufen sind.

1902 gründete der Destillateur und Drogist Friedrich Fischer eine Likör- und Fruchtsäftefabrik, in der im großen Stil Himbeersaft erzeugt wurde. Die nächste Generation musste sich dem Wiederaufbau widmen, da fünf Häuser im Besitz der Familie im Zweiten Weltkrieg zerstört wurden. Infolge des Greißlersterbens und des Rückgangs des Spirituosenkonsums wurde auch die Fabrik deutlich verkleinert. Seit 1990 wird an diesem historischen Fabrikstandort ein Museum betrieben.

Bei einer Reise nach Wien darf der Besuch des Museumsquartiers (kurz: MQ) im 7. Bezirk nicht fehlen. Anfang des 18. Jahrhunderts wurden auf dem Areal des MQ kaiserliche Hofstallungen gebaut, die später Messe- und Ausstellungszwecken dienten und 1985 erstmals im Rahmen der Wiener Festwochen für kulturelle Zwecke genutzt wurden. 2001 wurde das MQ offiziell eröffnet und in mehreren Bauphasen zu einem der weltweit größten Kunst- und Kulturareale ausgebaut.

Museen, Kulturinitiativen, Innenhöfe und Passagen laden zum Besuch ein. Dieser Einladung folgen jährlich bis zu 4 Millionen Menschen.

Während die Stationen Schönbrunn, Schnapsmuseum und Museumsquartier gut mit der U-Bahn zu erreichen sind, geht's ab jetzt zu Fuß weiter. Vom MQ wandern Sie durch das Ensemble des kunsthistorischen und naturhistorischen Museums, weiter durch den Burggarten, an der Albertina vorbei zum Heldenplatz, über den Kohlmarkt und den Graben zum Stephansdom.

Bei dieser Stadtbesichtigung lernen Sie den zweiten Teil des UNESCO Weltkulturerbes, die Altstadt von Wien, kennen.

Und zwischendurch gibt's immer wieder Gelegenheit, in die Wiener Kaffeehauskultur einzutauchen, etwa im Café Demel, im Café Hawelka, im Café Central oder im Café Landtmann.

Ein Kaffehausbesuch lässt sich auch gut mit einem Treffen von „Schnapspersönlichkeiten" verbinden, die in Wien ihre Wirkungsstätte haben.

Ein Kenner der Szene ist der Touristikkaufmann, Diplom-Sommelièr, Barkeeper, Wein- und Spirituosenexperte Erhard

Ruthner. Er war viele Jahre in der 5-Sterne-Hotellerie in Deutschland und Österreich tätig, einige Jahre im Wein- und Spirituosenhandel und ist nun Praxislehrer, Kurs- und Verkostungsleiter. Wenn Sie sich für internationalen Whisky, Gin, Rum und Wodka im Allgemeinen und jene österreichischer Herkunft im Besonderen interessieren, dann ist Erhard Ruthner Ihr geeigneter Gesprächspartner.

Um in die Wiener Schnapswelt einzutauchen, lohnt sich jedenfalls ein Treffen mit Slavko Ninić, dem Gründer, Sänger, Gitarristen und Moderator der Wiener Tschuschenkapelle. Er ist ein ebenso temperamentvoller Musiker wie begeisterter Schnapsbrenner. Dieser zweiten Leidenschaft frönt er in seiner Heimat Slawonien. Etwa drei Mal im Jahr reist er in seinen Geburtsort, um seine Schwestern, Freunde und Nachbarn zu besuchen. Und zumindest wird ein Mal im Jahr Schnaps gebrannt – vorwiegend Zwetschkenbrand.

Ein Mal im Monat spielen die begnadeten Musiker der Wiener Tschuschenkapelle, Maria Petrova, Jovan Torbica, Mitke Sarlandziev, Hidan Mamudov und Slavko Ninić, in der Kulisse im 17. Bezirk auf – und meistens ist auch einen „Zwetschkener" dabei …

Ein wichtiger Wegbegleiter der Brennerszene war und ist (in geänderter Form) Spiritsmedia.

Das Trio Dr. Christa Hanten, Mag. Peter Hämmerle und Vene Mayer hat tolle Verkostungen organisiert und Pionierarbeit in Sachen Edelbrandsensorik geleistet, um dann schließlich doch getrennte Wege zu gehen.

Christa Hanten widmet sich nun als Sprachprofi und Lektorin dem Mediendesign. Sie hat sich einer qualitätsvollen Medienarbeit verschrieben, ist gelegentlich in Wien anzutreffen, genießt aber den Großteil ihrer Zeit die Lebens-Arbeits-Qualität in ihrem Weinviertler Familienanwesen. Peter Hämmerle hat – quasi im Alleingang – über viele Jahre die À-la-Carte-Verkostung mit anschließender À-la-Carte-Gala immer mehr Edelbrandliebhabern schmackhaft gemacht. Während Verkostung und Präsentation unverändert geblieben sind, haben sich später der Namensgeber und das publizierende Medium von À-la-Carte auf Falstaff geändert. Peter Hämmerle ist zu seinen Wurzeln zurückgekehrt und lebt nun wieder in Vorarlberg.

Sehr konsequent kritisch ist Vene Mayer seiner journalistischen Arbeit treu geblieben. Nach seinen zwei Edelbrandliteraturklassikern (Edle Schnäpse aus Österreich/1992 und Große Schnäpse/2004) erhellt er die Edelbrandszene immer wieder mit erfrischenden Texten, bei der ihm mit Hermann Botolen ein Meister seines Faches und kongenialer Verkoster zur Seite steht.

Den ersten Wien-Tag beenden Sie etwas abseits des Edelbrandpfades, aber voll im Trend und durchaus passend zur „Schnopsroas" mit einem Besuch im „Torberg". Das – nach Eigendefinition – schönste Opern-Café und die beste Gin-Bar Wiens liegt im 8. Bezirk und hat 550 verschiedene Gins anzubieten. Um dieses Sortiment „strukturiert" zu verkosten, können Sie beispielsweise Länderschwerpunkte setzen und mit den 16 österreichischen, im Torberg erhältlichen Gins beginnen – und das ist nur eine kleine Auswahl von über 100 österreichischen Gins.

Der nächste Tag ist der Wiener Kulinarik und dem Jugendstil gewidmet. Sie fahren mit der U-Bahn zur Volksoper und starten mit einem Frühstück in einem „klassischen" Wiener Kaffeehaus, im Cafe Schopenhauer im 18. Bezirk. Seit 2012 wird dieses Lokal wieder als Alt Wiener Kaffeehaus betrieben. Tarock- und Bridge-Spieler zählen hier ebenso zu den Stammgästen wie Carambol- und Schachspieler, Wiener-Lied- und Jazz-Liebhaber. Und so mancher Kabarettist ist hier mit Laptop und Handy anzutreffen – so wie früher, als das Wiener Kaffeehaus ein Dreh- und Angelpunkt der Wiener Kultur- und Literaturszene war …

Nach dem Frühstück fahren Sie mit der U-Bahn Linie 6 und dem 48A Linienbus vom 18. in den 14. Bezirk, um die Kirche am Steinhof zu besuchen. Otto Wagners Kirche „Zum Heiligen Leopold", auch „Kirche am Steinhof" genannt, ist das größte kirchliche Gesamtkunstwerk des Jugendstils.

Bei einem Wien-Besuch darf natürlich der Naschmarkt in der Wienzeile nicht fehlen. Sie setzen Ihre Rundreise vom 14. in den 6. Bezirk fort und lassen das vielfältige, exotische Angebot der seit dem 18. Jahrhundert bestehenden Kulinarikmeile auf sich wirken. Die fixen Marktstände wurden ebenfalls von Otto Wagner geplant und 1919 eröffnet.

Ihr nächster kulinarischer Stopp ist im Fuhrmann, einem kleinen, aber feinen Lokal im 8. Bezirk, das Hermann Botolen 2015 übernommen hat. Der Sommelièr des Jahres 2016 hat sich damit einen Lebenstraum erfüllt. Zu gutem Essen werden hervorragende Weine serviert. Geradezu paradiesisch ist die Auswahl an vorzüglichen Edelbränden.

Die Weiterreise führt zuerst in den 3. Bezirk zum Hundertwasserhaus in der Kegelgasse. Ein Treppenhaus mit Zwiebelturm, unregelmäßig verlegte Fliesen und viel Grün können Sie in dem vom Maler Friedensreich Hundertwasser 1985 geplanten Wohnhaus bestaunen. „Fensterrecht" und „Baumpflicht" sind zwei wesentliche Gestaltungsprinzipien für dieses außergewöhnliche kommunale Bauprojekt.

Die letzte Station dieses Tages ist die Buschenschank von Josef Schmidt in Stammersdorf. Ein Besuch beim Schmidt, einem der wenigen Wiener Schnapsbrenner, darf nicht fehlen. Berücksichtigen Sie bei Ihrer Planung, dass die Buschenschank nur in ungeraden Monaten an Samstagen und Sonntagen geöffnet ist. Obst- und Tresterbrände aus eigener Erzeugung werden als „Söwabrennda" und als sortenreiner „Treberner" kredenzt.

Den Feinschliff für seine Tresterbrände holte sich der Ökonomie- und Kommerzialrat in Italien beim legendären Signore Romano Levi. Bei einer gemütlichen Heurigenjause hören Sie ihm stundenlang zu – sofern es seine und Ihre Zeit erlaubt.

Am Rückweg von Stammersdorf besuchen Sie noch die Gasthausbrauerei „The Highlander Pub" im 9. Bezirk, um dort die Whisky Consultants Wolfgang Leithner und Michael Pichal zu treffen. Die beiden trinken gerne Whisky, Sie riechen gerne Whisky und Sie reden gerne über Whisky. Mit diesen guten Voraussetzungen bieten Sie vornehmlich im „The Highlander" und vornehmlich zum Thema Whisky Seminare für Anfänger und Profis an. Aber Sie schauen auch über den Rand der Whiskyfässer und erzählen über Gin, über Rum und über Edelbrände – alle Produkte vielfach aus österreichischen Brennereien.

Vor den Toren Wiens wirken und leben einige Brennereien, Institutionen und Persönlichkeiten aus der Edlbrandszene, die es wert sind, besucht zu werden. Böckl, Pohler und Horvaths Spezereien repräsentieren einen guten Querschnitt durch die österreichische Brennerszene. Die Höhere Bundeslehranstalt und das Bundesamt für Wein- und Obstbau, Klosterneuburg, sind Kaderschmieden für Österreichs Winzer und Edelbrenner. Deren stellvertretender Direktor, Dr. Manfred Gössinger, ist ein profunder Kenner der österreichischen Wein- und Edelbrandszene.

Es geht mit der U2 und der U4 bis Spittelau, dann mit der Bahn Richtung Tulln bis Klosterneuburg/Weidling. Nach etwa einer dreiviertel Stunde Fahrt und einem kurzen Fußmarsch erreichen Sie die Höhere Bundeslehranstalt und das Bundesamt für Wein- und Obstbau, Klosterneuburg. Diese Lehr- und Forschungsanstalt ist die weltweit älteste in Österreich, die einzige berufsbildende höhere Schule im Wein- und Obstbau und größte österreichische Forschungseinrichtung in diesen Themenbereichen.

Einen guten Überblick über die Themen- und Aufgabenvielfalt dieser österreichweit einzigartigen Einrichtung gibt Ihnen der stellvertretende Direktor und Abteilungsleiter HR DI Dr. Manfred Gössinger. Aktuelle Forschungsprojekte wie die Vakuumdestillation, der Nachlaufabtrennzeitpunkt oder die Reifeparameter verschiedener Obstarten haben auch für die Edelbrenner eine große Relevanz. Als Leiter der Verkostungen und Oberjuror im Rahmen der Destillata sowie Organisator von Verkosterschulungen ist Manfred Gössinger nicht nur ein ausgewiesener Kenner der österreichischen und internationalen Brennerszene, sondern auch ein Experte für die sensorische und analytische Qualitätsbeurteilung von Edelbränden. Darüber hinaus führt er in Pillichsdorf bei Wolkersdorf einen Wein- und Obstbaubetrieb mit einer der größten Dirndlanlagen Österreichs. Nach einem höchst informativen Gespräch, einer Führung durch das Haus und der einen oder anderen Kostprobe gehts wieder zurück nach Wien.

Sie starten Ihren nächsten Wien-Tag mit der Anreise nach Raasdorf, für die Sie etwa eine Stunde bis Wien-Neuessling einplanen. Das letzte Stück zur Familie Pohler gehen Sie etwa 40 Minuten zu Fuß. Am Anwesen der Familie Pohler wird seit 1870 eine Landwirtschaft betrieben, die nach 1945 als klassischer familiärer Marchfelder Acker- und Gemüsebaubetrieb geführt wurde. 2006 wurden die ersten Obstbäume und Beeren gepflanzt, ein Jahr später eine Brennanlage in Betrieb genommen und der Hofladen eröffnet.

Der Obstbaubetrieb wurde von ursprünglich 8 Hektar Anbaufläche auf 11 Hektar vergrößert. Die Brennanlage wurde 2013 durch eine leistungsfähige Schaubrennerei ersetzt. Beheizt wird mit einem Pelletsbrenner. Die Computersteuerung ermöglicht eine exakte, fein abgestimmte Destillation.

All das, den Brennereineubau, den hellen, freundlichen Verkostungsraum und den großzügig angelegten Hofladen können Sie im Rahmen einer eineinhalb- bis zweistündigen Betriebsbesichtigung von März bis November kennenlernen und dem Obstbaumeister, Brennmeister und Edelbrandsommelièr Wilhelm Pohler dabei über die Schultern schauen.

Unerreicht sind die Erfolge der Familie Pohler: sechsfacher Produzent des Jahres im Rahmen der Ab-Hof-Messe in Wieselburg 2009, 2010, 2011, 2012, 2016 und 2018, Gewinner der Destillata 2017, mehrfacher Finalist der Genusskrone – ein bundesweiter Wettbewerb verschiedenster bäuerlicher Lebensmittel, der von der Landwirtschaftskammer, der AMA Marketing GmbH und dem Bundesministerium für Nachhaltigkeit und Tourismus unterstützt wird.

Eineinhalb Stunden wandern Sie dann gemütlich von Raasdorf nach Deutsch Wagram zu den Brennereien Böckl und Horvath.

Während Willi Pohler zu den Newcomern der Edelbrandszene zählt, sind das Obstgut und die Brennerei Böckl ein „alter Hase" der Brennerszene. Seit 1979 wird im bäuerlichen Familienbetrieb in Deutsch Wagram der Obstbau betrieben und als frisches Obst, als Säfte, Nektare und Edelbrände ab Hof verkauft. Das Edelbrandsortiment umfasst Marille, Williams-Birne, Zwetschken, Quitten, Pfirsich, Waldhimbeere, Holunder, Vogelbeere, Traubenbrand vom Muskat-Ottonel, Trebernbrand klar aus Zweigelt-Trauben, Trebernbrand eichenfassgereift sortenrein aus Merlot-Trauben und einen Marchfeld Whisky.

Die letzte Station der Wiener „Schnopsroas" ist die gewerbliche Destillerie Horvath's Spezereyen Kontor – ebenfalls in Deutsch Wagram. Der österreichische Familienbetrieb widmet sich der Produktion von österreichischem Kartoffel-Wodka, Gin (beide unter der Marke KARTOFF) sowie besonderen Creme-Likör-Spezialitäten. Weiters umfasst die Produktpalette auch den einzigartigen KARTOFF Hazelnut Vodka, Edelbrände und Spezialitäten, wie Nussschnaps, Zirben- und Lärchenschnaps, die unter dem Namen Gänserndorfer Kulinarium am Markt zu finden sind.

» VIDEO *Horvath´s Spezereyen Kontor*

Für den Rückweg von Deutsch Wagram ins Hotel Wein & Design sollten Sie etwa 40 Minuten einplanen.

Das Wiener Riesenrad ist ein weithin sichtbares Wahrzeichen der Stadt Wien, ein Besuch ist daher Pflicht. Eine Runde mit dem Riesenrad ermöglicht einen herrlichen Blick über die Dächer Wiens. Es bewegt sich mit 2,7 km/h, misst am höchsten Punkt 64,75 Meter und wurde zur Feier des 50. Thronjubiläums Kaiser Franz Josephs I. 1897 eröffnet.

Zu empfehlen ist – abseits des Trubels im Vergnügungspark – eine Wanderung zum Lusthaus am südöstlichen Ende der Prater Hauptallee und wieder retour zum Schweizerhaus, wo Sie im großen Biergarten im Herzen Wiens frisch gezapftes Budweiser und eine Schweinsstelze genießen können.

# Verkoster-Notizen
## »Vom Schnapsmuseum zum Heurigen«

### Österreichischer Qualitätsedelbrand Treberner Gemischter Satz, 49,5 %vol

Buschenschank Haus Schmidt, 1210 Wien
www.heuriger-schmidt.at
Mobil: 0650-2926688

sehr dichte, typische Trestercharakteristik in der Nase; am Gaumen viel Volumen, Spuren von Muskat; unwahrscheinliche Länge; animierend; TOP

### Edelbrand Strong Spirit Marille 51 er, 51 %vol

Obstkulinarium Pohler, 2281 Raasdorf
www.obstkulinarium.at
Tel: 02249-89422

Fruchtexplosion in der Nase, frische, reife, blumige Aromen; auch am Gaumen schöne, reife Frucht; weich im Abgang

### Golden Dry Gin, 46 %vol

Obstkulinarium Pohler

Wacholdernote von Röstaromen und Zitrus begleitet; am Gaumen sehr vielschichtig, dicht, blumig mit feiner Vanille; harmonisch mit schöner Länge; TOP

### 100 % Destillatanteil Erdbeerbrand, 39 %vol

Böckl-Brände, 2232 Deutsch-Wagram
www.boeckl.at
Tel: 02247-2438

in der Nase sehr fruchtig und frisch; Fruchtaroma auch am Gaumen sehr klar und deutlich, harmonisch mit überraschend langem Nachhall

### KARTOFF Vodka, 40 %vol

Horvath's Spezereyen Kontor GmbH, 2232 Deutsch Wagram
www.horvaths.at
Tel: 02247-7070

sehr fein und klar in der Nase; bleibt auch am Gaumen sehr geschmeidig, mild; harmonisch, schöne Länge

Äpfel

# WETTERLEUCHTEN AM ERLEBNISWEG

**3. TEILSTRECKE // 3 TAGE**
Wien – Laa/Thaya – Röschitz – Missingdorf – Groß Burgstall – Wien
(382 Bahn-/Buskilometer, 4 Kilometer zu Fuß)

Die letzte Teilstrecke dieser siebenten Schnapsroute führt Sie in den Norden Niederösterreichs. Eine Reise mit öffentlichen Verkehrsmitteln bedarf einer guten Planung.

> ## *Tipp*
> Wenn Sie in den Norden Niederösterreichs und insbesondere in das nördliche Weinviertel reisen, sollten Sie die Therme Laa und die Felsenbühne in Staatz besuchen. Die Felsenbühne bietet im Juli und August die einzigartige Kulisse für sehens- und hörenswerte Musicalproduktionen.

Für die Anreise nach Laa an der Thaya steht Ihnen stündlich ein Regionalzug ab Wien-Floridsdorf zur Verfügung, der Sie in knapp eineinhalb Stunden zu Ihrem ersten Ziel bringt, zur Therme Laa/Thaya. Nach einem kurzen Fußweg beziehen Sie Ihr Quartier. Sie können sich noch gemütlich erfrischen, um die Vorstellung in der Felsenbühne Staatz um 20:30 Uhr zu erreichen. Sie machen sich eineinhalb Stunden davor auf den Weg zum Bahnhof Laa/Thaya. In zehn Minuten erreichen Sie Enzersdorf und nach einem 30-minütigen Fußmarsch haben sie ihr Ziel erreicht. Die Felsenbühne Staatz fasst 1200 Sitzplätze, ist eine der größten Open-Air-Bühnen Österreichs und eingebettet in eine einzigartige Naturkulisse. Seit 1987 wird diese Bühne bespielt. Zuerst mit Winnetou-Abenteuern und seit 16 Jahren mit Musicals, die der Intendant Werner Auer an vier Wochenenden im Juli bzw. August zumeist vor ausverkauftem „Haus" in hoher Qualität mit hervorragenden Musikern und Darstellern auf die Bühne bringt. Für den Weg zurück benötigen Sie entweder ein Taxi oder Sie warten etwa 2 Stunden und fahren mit der ersten Bahn wieder zurück zur Therme.

Am nächsten Tag fahren Sie circa eineinhalb Stunden mit dem Bus bis Röschitz.

Der Ort ist eine circa 1000 Einwohner große Weinbaugemeinde mit einer imposanten Kirche, einem sehenswerten Keller mit Lössschnitzereien, einem (Wein)erlebnisweg zur Weinviertelwarte und zur Hiatahütte und vielen, ausgezeichneten Winzern. Röschitz ist bekannt für seinen hervorragenden Weinviertler Grünen Veltliner DAC. Die Namen Berger, Birsak, Blaha, Edlinger, Frischauf, Gruber, Gschweicher, Kölbl, Krottendorfer, Maurer, Ruttenstock, Schneider, Stift, Weineck und Ziß finden Sie regelmäßig auf den Siegerlisten regionaler und internationaler Weinverkostungen. Und viele der Winzer bieten auch Gästezimmer an. Was liegt also näher als sich etwa beim Edlinger einzuquartieren, sich auf die Winzerreise zu begeben und da und dort auch Hochprozentiges zu verkosten. Etwa einen Riesling Tresternbrand vom Gschweicher oder einen Rotweinlikör vom Edlinger.

Nach dem Frühstück geht's am nächsten Tag weiter nach Missingdorf, zur Familie Wetter. Die Wetters leben seit über 50 Jahren vom Obstbau. Seit etwa 20 Jahren produzieren sie erlesene, sortenreine, naturtrübe Apfel- und Birnensäfte. Zur Auswahl stehen acht verschiedene Säfte, vom Discovery, Cox Orange, Kronprinz Rudolf, Topaz bis zum Donnerwetter Apfel-Birnen-Cuvee, um nur einige zu nennen.

Bei den Bränden sind es wieder die sortenreinen Äpfel und Birnen, die der Qualitätsfanatiker Ing. Reinhard Wetter sorgsam zu typischen aromatischen Edelbränden verarbeitet, wie etwa den Cox Orangenrenette, den Gravensteiner, die Williams, Marille, Edelobstler (Wetterfrosch), Obstler mit Holunder (Wetterhexe) oder Himbeere (Wetterleuchten), aber auch Elsbeere (46 %vol) oder Trester von der Williams-Birne. Nehmen Sie sich Zeit für eine Verkostung im Brennereimuseum der Familie Wetter.

Von Missingdorf fahren Sie gut zwei Stunden nach Groß Burgstall. Von hier geht's zu Fuß weiter circa 25 Minuten zur Familie Rossnagl. Die Rossnagls bewirtschaften im Horner Becken einen landwirtschaftlichen Betrieb, der seit 1815 im Familienbesitz ist. Seit 2006 wird der Betrieb nach biologisch-dynamischen Richtlinien geführt und ist damit einer von 110 Demeterbetrieben in Österreich. Es lohnt sich, eine Führung des Sonnentorpartnerbetriebes zu machen und als krönenden Abschluss im Heurigenlokal Apfelmost, Marillenbrand, Blaufränkisch Tresterbrand, Holunderbrand, Traubenkirschenbrand und einen Zwetschkenbrand im Maulbeerfass zu verkosten, begleitet von einem vorzüglichen Graukäse in Apfelsaft und Schafkäse mit Weichsellikör und Schoko.

Von Groß Burgstall fahren Sie in knapp zwei Stunden zuerst mit dem Regionalbus, dann mit der Franz-Josefs-Bahn zurück nach Wien.

## Verkoster-Notizen
## »Wetterleuchten am Erlebnisweg«

### Tresternbrand vom Riesling, 100 % Destillat, 40 %vol
Gschweicher, 3743 Röschitz
www.gschweicher.at
Tel: 02984-3800

deutliche Tresternote in der Nase, etwas Hefe; am Gaumen kräftige, würzige, vollmundige Tresteraromen; sehr harmonisch mit schöner Länge

### Rotweinlikör, 25 %vol
Edlinger, 3743 Röschitz
www.edlinger-wein.at
Tel: 02984-2796

sehr belebende, blumige Rotweinaromen in der Nase; am Gaumen kräftiger, würziger Rotwein mit feiner Süße

### Williams, Österreichischer Qualitätsbrand, 43 %vol
Wetter Obstbrände und Fruchtsäfte, 3751 Missingdorf
www.wetter-brennerei.at
Tel: 02983-2398

feinfruchtige, zarte Birne in der Nase; entfaltet ein überaus frisches, knackiges Fruchtaroma; feine Struktur, die sehr harmonisch und dauerhaft am Gaumen bleibt

### Wetterfrosch, Edelobstler aus Apfel und Birne,
### Österreichischer Qualitätsbrand, 42 %vol
Wetter Obstbrände und Fruchtsäfte

sehr ausgewogenes Aromaspiel, feiner Apfel und dezente Birne; am Gaumen viel frische Frucht, feingliedrig; Harmonie vom Anfang bis zum Schluss, sehr schöne Länge; TOP

**Kirsche Edelbrand, 40,6 %vol**
Demeterhof Rossnagl, 3580 Horn
www.rossnagl.at
Tel: 02982-307960

reife, dunkle Frucht in der Nase; kräftige Kirsche am Gaumen mit Schokoanklängen; harmonisch mit schöner Länge

Gerste

# WALDVIERTLER WHISKYTRAIL

**5 TAGE**

Wien – Melk – Pöggstall – Roggenreith – Kottes – Gillaus – Roiten – Grünbach – Rappottenstein – Klein Nondorf – Kirchbach – Zwettl – Waidhofen/Thaya – Hollenbach – Kleinzwettl – Echsenbach – Friedersbach – Melk – Wien
(453 Bahn-/Buskilometer, 62 Kilometer zu Fuß)

8. ROUTE

Was haben das schottische Hochland, das deutsche Schwabenland und das niederösterreichische Waldviertel gemeinsam? In all diesen Regionen wird Whisky produziert. In der einen seit 500 Jahren, in den beiden anderen seit knapp 30 bzw. über 20 Jahren. Eine gewisse Dichte an Whiskybrennern ist sowohl in Schottland als auch im Schwabenland und im Waldviertel festzustellen.

In der 2012 gegründeten Austrian Whisky Association sind von den 14 Mitgliedsbetrieben aus allen Teilen Österreichs vier aus dem Waldviertel.

## *Tipp*

Zur Vorbereitung auf den Waldviertler Whiskytrail ist die Lektüre von Jim Murray's Whisky Bible zu empfehlen. Darin beschreibt der anerkannte Whiskyexperte über 4600 Whiskys aus allen Teilen der Welt – unter anderem auch einige aus Österreich.

Die Anreise erfolgt auf der Westbahn-Strecke nach Melk. Von dort geht's mit dem Bus durchs Weitental bis Pöggstall. Von Pöggstall wandern Sie acht Kilometer weiter nach Roggenreith zur Whiskydestillerie und Whisky-Erlebniswelt der Familie Haider. Johann Haider widmet sich mit seiner Familie seit dem EU-Beitrittsjahr 1995 der Whiskyherstellung und hat seither eine imposante, vor allem auch touristisch gut konzeptionierte Whisky-Erlebniswelt geschaffen. Das Konzept dazu wurde in den Jahren 2004 und 2005 umgesetzt. Eine besuchergerechte Anlage gewährt Einblicke in die Whiskyproduktion von der Malzmühle über die Brennerei bis hin zum Whiskylager. Zusätzlich sorgen das Whisky-Café, der Verkostungsraum und der Whiskyshop für den nötigen Wohlfühlfaktor.

2009 wurden das dritte Whiskylager (Platz für 500.000 Liter Whisky) und Getreidesilos errichtet. Mehrere zehntausend Besucher kommen pro Jahr in die Erlebniswelt nach Roggenreith, die auch ein Top-Ausflugsziel Niederösterreichs ist und 2015 mit dem Österreichischen Tourismuspreis ausgezeichnet wurde. Bei den geführten Touren mit Verkostung (täglich zu den Öffnungszeiten um 10.30 und 14.30 Uhr) wird die Faszination Whisky mit allen Sinnen spürbar. Neben den Roggen- und Roggenmalzwhiskys – für die der Betrieb über die Landesgrenzen hinaus bekannt ist und mehrfach ausgezeichnet wurde – können auch Single Malt Whiskys oder Besonderheiten wie ein White Rye Malt (ungelagert), getorfte Whiskys, Gin Edelbrände und -liköre probiert werden. Mag. Jasmin Haider-Stadler hat gemeinsam mit ihrer Mutter Monika 2016 die Leitung der Whisky-Erlebniswelt übernommen. Sie ist ausgebildete Destillateurin, im Betrieb unter anderem für Marketing und Kommunikation zuständig und Obfrau der 2012 gegründeten Austrian Whisky Association.

Von Roggenreith marschieren Sie am frühen Nachmittag etwa elf Kilometer weiter nach Kottes zu Ossi Weidenauer, dem nächsten Whiskybrenner. Davor ist eine Mittagsrast im „Gasthaus zur Kirche" der Familie Schrammel in Kottes mit bodenständiger Hausmannskost zu empfehlen. Als besondere Attraktion gibt's hier ein Bierbad, das Sie neben Sauna, Dampfbad, Dufthäuserl, Wärmebankerl und Solarium genießen können. Somit bietet sich nach dem Besuch bei den Weidenauers ein Wellnessnachmittag mit anschließender Nächtigung an.

Nachdem Sie im „Gasthof zur Kirche" eingecheckt haben, führt die Tour mit leichtem Gepäck weiter nach Leopolds bei Kottes zu Oswald Weidenauer. Kriecherl-, Gelber-Muskateller-, Grüner-Veltliner-, Gewürztraminertrauben-, Dinkel-, Mostbirnen-, Speckbirnenmost-, Kartoffel-, Marillen-, Blutorangen-, Zwetschken-, Mais-, Weinhefebrand, Hafer- und Dinkelwhiskys zeigen das vielfältige Spektrum der Frucht- und Getreidewerkstatt. Bei dieser Menge an Hochprozentigem darf eine köstliche Jause nicht fehlen. Nach einem Abschluss mit einem Destillat im Maulbeerfass geht's wieder zurück zum Gasthof Schrammel, wo bei Bierbad, Dampfsauna und Dufthäuserl ein erholsamer Tagesausklang wartet.

Am nächsten Tag geht's zuerst nach Gillaus, wo Sie nach etwa acht Kilometern die kleine, aber feine Brennerei der Florreithers besuchen. In der Nebenerwerbslandwirtschaft wird seit 1998 auch Schnaps gebrannt. Hier sind Sie gut aufgehoben, wenn Sie auf der Suche nach Besonderheiten und Raritäten sind. Ein vorzüglicher Weißdorn-, Vogelbeer-, Hagebutten oder Schlehenbrand sind ebenso zu finden wie die fruchtigen Klassiker Kletzenbirnen-, Zwetschken-, Marillen-, Spänling- und Kriecherlbrand.

Von Gillaus gehen Sie um die Mittagszeit sechs Kilometer nach Großreinprechts und fahren mit dem Bus bis Armschlag. Dort haben Sie etwa zwei Stunden Wartezeit auf den Anschlussbus. Eine gute Gelegenheit den Mohnwirt Neuwiesinger zu besuchen. Hier erwarten Sie kulinarische Schmankerl rund um den Waldviertler Graumohn, der der Region zu einem beachtlichen Aufschwung verholfen und sie zu einer der ersten Genussregionen Österreichs gemacht hat.

Nach diesem kulinarischen Zwischenstopp fahren Sie mit dem Bus weiter bis Frankenreith. Die letzten vier Kilometer gehen Sie zu Fuß nach Roiten bei Rappottenstein zu Whiskybrenner Nr. 3 und Kriecherlbrenner Nr. 2, zur Familie Rogner. Hermann Rogner ist ein Genießer, ein experimentierfreudiger Edelbrenner und hat spätestens 2017 mit seiner Jubiläumsfeier bewiesen, dass er es auch versteht, Feste zu feiern. Nach einem kräftigen Einstieg mit Rogners Rum folgen Birnen- und Mostobstbrände (im Maulbeerfass ausgebaut), Whiskys, Zitronenlikör, verschiedene Gin-Komponenten und natürlich ein Kriecherlbrand. Das Kriecherl hat zwar im Waldviertel eine lange Tradition, eine Renaissance erlebt diese Wildpflaumenart aber erst seit wenigen Jahren.

Nach einer Abendwanderung erreichen Sie nach knapp sechs Kilometern den Ferienhof Stanzl in Grünbach – in Sichtweite das Schloss Rappottenstein.

Nach dem Frühstück machen Sie sich auf den Weg etwa einen Kilometer zurück nach Rappottenstein und fahren mit dem Bus nach Kleinnondorf zu Christian Bisich. Hier gibt's eine Pause vom Whisky und Sie können sich einer weiteren, hochprozentigen Waldviertler Spezialität widmen, dem Kriecherlbrand.

» VIDEO
*Bisich*

Christian Bisich ist als Obmann des Vereins Waldviertler Hochlandkriecherl ein engagierter Hüter dieses genetischen Schatzes. Seit 2014 gehört das Waldviertler Kriecherl zur Genussregion Österreich und ist damit eines der jüngsten Mitglieder dieser Initiative der Agrarmarkt Austria Marketing GmbH. Das zentrale Waldviertel gilt neben dem OÖ Naturpark Attersee Traunsee und einigen Regionen in der Steiermark als eines der Erhaltungszentren bodenständiger Kleinpflaumen.

Von den 20 bis 30 in Ostösterreich bekannten Kriecherlsorten dominiert im Waldviertel eine grüngelbe, stark bereifte und kugelige, aromatische Kriecherl-Art.

Von Kleinnondorf fahren Sie mit der gleichen Buslinie, mit der Sie angereist sind, über Kirchbach nach Zwettl und weiter nach Waidhofen an der Thaya, wo nach knapp 70 Tageskilometern mit dem Bus ein komfortables Quartier im Stadthotel wartet, wenn Sie dort übernachten wollen.

Sie marschieren gleich fünf Kilometer weiter nach Hollenbach zur Granitdestillerie von Günther Mayer und genießen – nach

Voranmeldung – eine Verkostung. Mit über 25 Jahren Erfahrung in der Herstellung edler Tropfen verfügt die Waldviertler Granitdestillerie über ein beachtliches Sortiment edler Brände und anderer geistreicher Spezialitäten. 2006 rückte dann das Korn als Rohstoff immer weiter in den Vordergrund und der Brennmeister begann mit der Whisky-Produktion. Diese sind in der „Granit"-Serie zusammengefasst und wie das Gestein ist jeder ein Unikum. Mit Namen wie „Edelprinz" (Mais-Roggenmalz), „Kupferstoa" (Gerstenmalz) oder „Gluatnest" (Torfrauch-Gerstenmalz) sowie regionalen Rohprodukten – so wird zum Beispiel das Gerstenmalz mit echtem Waldviertler Torf gedarrt – ist jeder Whisky ein Bekenntnis zum Waldviertel und dessen einzigartigem Stil in der Whiskyproduktion. Für Liebhaber kräftiger Brände und echte Genießer gibt es Produkte in Fassstärke und einen stark getorften Whisky.

Waidhofen an der Thaya

Sie gehen zurück nach Waidhofen an der Thaya, geniessen eine Nacht im Stadthotel und reisen am nächsten Tag weiter zum nördlichsten und letzten Ziel dieser Tour, zum Heurigenbetrieb der Edelbrandsommelièr-Familie Kainz in Kleinzwettl bei Gastern. Für die Anreise mit dem Bus planen Sie etwa 20 Minuten ein. Renate und Gerhard Kainz betreiben im nördlichen Waldviertel eine Landwirtschaft. Seit Jahrzehnten wird auf dem Betrieb Mohn angebaut. Zudem wird auf den insgesamt 70 Hektar neben herkömmlichen Getreidesorten auch Dinkel und Einkorn kultiviert. Anfang 2007 wurde ein weiteres Standbein, ein Heurigenbetrieb eröffnet, der mit tatkräftiger Unterstützung der Töchter Malena, Simone und Christina bestens funktioniert. Seit 2012 wird mit einer Kolonnenbrennerei in größerem Stil Edelbrand erzeugt.

Dabei kann die Familie Kainz auf das Wissen von vier Edelbrandsommelièr/es im Haus zugreifen. In diesem erlesenen Kreis verkosten Sie den Elstar Apfelbrand, den Williamsbirnenbrand, den Weichselbrand, den Zigarrenbrand vom Apfel, den Mohngeist, den Haselnussgeist und den Kümmelgeist – allesamt höchstprämierte Produkte.
Ein passender Abschluss für den Waldviertler Whiskytrail ist der im Holzfass gelagerte Dinkelbrand, der sich nach 3 Jahren Reifezeit zu einem Dinkelwhisky entwickelt hat.

Gestärkt und motiviert treten Sie die 145 Kilometer lange Rückreise an und machen nach 23 Kilometern einen Abstecher zum sehenswerten Schnapsglasmuseum nach Echsenbach. Die Anreise nach Echsenbach erfolgt von Kleinzwettl über Waidhofen und Vitis.
Zwischen Anfang April und Ende November sind hier rund 1 000 Gläser des Sammlers Harald Rath, Nachfahre der Wiener Glasverlegerfirma Lobmeyr, zu sehen.

Von Echsenbach fahren Sie mit drei Buslinien zurück nach Zwettl und nach einer Übernachtung über Pögstall nach Melk, dem Ausgangspunkt des Waldviertler Whiskytrails.

# Verkoster-Notizen »Waldviertler Whiskytrail«

### Dark Rye Malt Peated J.H., 46 %vol

Whiskydestillerie Haider & Whisky-Erlebniswelt, 3664 Roggenreith
www.whiskyerlebniswelt.at
Tel: 02874-7496

Roggenmalzwhisky, rauchig und herb, malzig; schöne Vanille-Karamellnote, leichtes Bitterl, druckvoll und kräftig am Gaumen, schöne Länge

### Dinkelmalz-Whisky, 42 %vol

Weidenauer, 3623 Kottes
www.weidenauer.at
Tel: 02873-7276

sehr dichte Holz- und Getreidearomen in der Nase; Karamell, Vanille; am Gaumen unglaubliche Fülle mit süßen und getreidigen Noten, Malz, frisches Holz, Vanille; wunderbare Länge; TOP

### Weißdorn, Florreithers Edelbrand, 40 %vol

Familie Florreither, 3613 Gillaus
ww.edelbraende-florreither.at
Tel: 02876-7263

sehr fein, floral in der Nase; am Gaumen dichte, würzige, erdige Aromen; sehr harmonisch mit schöner Länge; TOP

### Whisky Jubiläums Edition, Roggen, Gerste, Waldviertler Torf, 45 %vol

Rogner, 3911 Rappottenstein
www.destillerie-rogner.at
Tel. 02828-8505

reiner Roggenwhisky mit hohem Malzanteil; rauchig mit schönen Getreidenoten in der Nase; angenehmer Geschmack nach Rauch, Tabak und Malz; dezenter Fasston, Vanille; frisches Holz, sehr harmonisch, wunderschöne Länge, TOP

### Gin, 2016, anl. des 90. Geburtstages von Queen Elisabeth II, 44 %vol
Rogner

sehr frische Zitrus-, Minzetöne in der Nase, Wacholder; am Gaumen würzig, dicht und erfrischend; harmonisch

### Granit „Edelprinz", Mais-Roggenmalz Whisky
Wald4tler Granitdestillerie Mayer, 3830 Waidhofen/Thaya
www.granitdestillerie.at
Mobil: 0664-4324003

sehr schöne Malz-Karamellnote in der Nase; am Gaumen weich und mild, blumig, wieder Karamell, Vanille; ausgeprägte Harmonie, schöne Länge

### Kriecherl, 2011, 41,8 %vol
Bisich, 3911 Rappottenstein
www.campus-edelbrand.at
Tel: 02828-7666

feine, klare Frucht in der Nase; am Gaumen wieder fruchtig mit zarter Stein-Marizpannote; schöne Länge

### Mohngeist, 39 %vol
Familie Kainz, 3852 Gastern
www.heuriger-kainz.at
Mobil: 0664-422 6905

frisch gemahlener Mohn in der Nase, sehr feines, klares Aroma; am Gaumen etwas dezenter, aber sehr typisch, harmonisch mit unerwarteter Länge

### Dinkelbrand Holzfass fassgelagert, 41 %vol
Familie Kainz

wunderbare Getreide-Holzaromen in der Nase und am Gaumen; sehr elegant, Vanille, Getreide im Wechselspiel, harmonisch mit schöner Länge

Weltkulturerbesteig Wachau

# WACHAUER MARILLE

**1.TEILSTRECKE // 3 TAGE**
Wien – Melk – Emmersdorf – Aggsbach Dorf – Spitz – Mühldorf – Weißenkirchen/Joching – Dürnstein – Krems – Angern
(149 Bahn-/Buskilometer, 15 Kilometer zu Fuß)

Der Edelbrand von der Williams Christbirne und der Marille waren, sind und werden auch in den nächsten Generationen die beliebtesten Obstbrände sein. Sie behaupten sich gegen die übermächtigen Mitbewerber Whisky, Gin und Rum und werden in Regionen produziert, wo es weder Williamsbirnen noch Marillen gibt.

Deshalb schwärmen die Edelbrenner zur Marillenernte, aber auch schon früher, aus, um sich reichlich Frischobst zu sichern. Die einen tun dies im Südtiroler Vinschgau, die anderen in der Wachau in Niederösterreich und werden in der Genussregion „Wachauer Marille" mit Sicherheit fündig – sofern das Wetter mitspielt.

Und wer nun glaubt, in der Wachau auch unzählige, feinfruchtige, fruchttypische Marillenbrände zu finden, der irrt. Aber es gibt sie, die überzeugten Qualitätsfanatiker, die aus der gelb-orangen Frucht vor ihrer Haustüre auch exzellente Edelbrände zaubern. Und wenn Sie schon in der Wachau sind, dann widmen Sie sich auch den hervorragenden Weinen dieser Region, dem Weltkulturerbe im Allgemeinen und der Kultur im Besonderen.

## *Tipp*

Eine gute Gelegenheit, das UNESCO-Weltkulturerbe Wachau kennenzulernen, bietet der 180 km lange Weitwanderweg „Weltkulturerbesteig Wachau". Aufgeteilt auf 14 Etappen verbindet dieser „Höhenweg" 13 Wachauer Gemeinden und beeindruckt durch die bezaubernde Flusslandschaft der Donau, durch steile Weinberge und Steinterrassen, durch Burgen, Ruinen und Schlösser; ergänzend oder alternativ zum Weltkulturerbesteig bietet sich zwischen März und Oktober eine Wanderung am 4,5 km langen Rundwanderweg, dem „Wachauer Marillen Erlebnisweg" an. Ausgangspunkt ist der Wein- und Marillenhof Aufreiter in Krems Angern. Sie sollten dafür gemütliche 2 Stunden einplanen.

In gewohnter Weise reisen Sie auf der Westbahnstrecke nach Melk. Melk ist das Tor zur Wachau und weltbekannt durch das gleichnamige Stift, aber auch durch die Kultur, etwa die Barocktage im Stift Melk (Pfingsten), die Sommerspiele (Mitte Juni bis Mitte August) und die „Tischlerei", eine Kleinkunstbühne mit einem umfangreichen Frühjahrs- und Herbstprogramm (Mitte Februar bis Ende Mai und Anfang Oktober bis Mitte Dezember).

Von Melk starten Sie Ihre Wachauer „Schnopsroas" zuerst zu Fuß, die achte Etappe des Weltkulturerbesteigs 7 Kilometer über die Leopoldsbrücke, das Kraftwerk Melk, Schloss Luberegg nach Rantenberg, wo Sie Ihren ersten Stopp in der Wachauer Hofbrennerei von Karl Schroll einlegen.

Der Edelbrandsommelièr hat sich der Marille, dem Schnapsbrennen und der Schafzucht (Waldschaf) verschrieben.

In der Genussregion „Wachauer Marille" ist eine „Expedition Marille" zu empfehlen, bei der Sie die Marillenkultur mit 5000 Bäumen und das, was daraus gewonnen wird, kennenlernen.

Danach haben Sie die Qual der Wahl zwischen einer Degustation „Edelbrände & Käse" oder „Edelbrände & Schoko" bzw. die Möglichkeit in den Mythos Schnapsbrennen einzutauchen.

Es stehen Klassiker wie Asperl, Quitte, Williams, Apfel und Zwetschke klar oder als Zigarrenbrand, ein Zirbengeist als Strong Spirit (der mit 53 %vol deutlich über dem Mindestalkoholgehalt dieser Produktgruppe von 48 %vol liegt), Liköre aus Asperln, Brombeeren, Kirschen und Quitten auf der Sortimentsliste.

Keineswegs sollten Sie in einem Haus, wo sich alles um die Marille dreht, auf den Marillenbrand Exquisit oder Zigarrenbrand Marille, den Marillennektar, den Marillenlikör, Marillenmarmelade und Marillenchutney vergessen.

Und schließlich warten auch die kreativen Kompositionen der Wachauer Hofbrennerei darauf, verkostet zu werden, beispielsweise der Sweet Donkey (Haselnusslikör), der White Donkey (Sahnelikör mit Vanille-, Karamel- und Haselnussgeschmack) oder der Don Quichotte (Gin).

Von Rantenberg gehen Sie wieder ein Stück zu Fuß circa vier Kilometer Richtung Melk zur Pielachmündung. Hier steigen Sie in den Bus, fahren etwa 10 Minuten am rechten Donauufer bis Aggsbach Dorf und beziehen ein Quartier.

Nach einem späten, genüsslichen Frühstück, geht's um die Mittagszeit neun Kilometer weiter nach Oberarnsdorf, wo Sie mit der 1928 errichteten Rollfähre die Donau queren, ans linke Donauufer wechseln, mit dem Bus durch Spitz, den Spitzer Graben entlang bis Mühldorf fahren, um das erste hochprozentige Ziel, den Marillenhof Kausl, anzusteuern. Noch beeindruckt von der Waldviertler Whiskytour setzen Sie die Whiskyentdeckungsreise mit einem Wachauer Whisky fort. Davor sollten Sie aber die fruchtige Palette des Marillenhofs gustieren – in Form von Marmeladen, Likören und Obstbränden.

Nach dem Abzweiger nach Mühldorf gehts wieder retour und bergab zur Donau nach Spitz und die Donau entlang bis Weißenkirchen/Joching, wo Sie nach elf Kilometern den Prandtauerhof der Familie Holzapfel erreichen. Hier erwartet Sie ein Baujuwel des Barockbaumeisters Jakob Prandtauer. Der Innenhof des Gutshof-Restaurants lädt zum Verweilen und zum Verkosten der beiden Edelbrandklassiker Williams und Marille ein, die Karl Holzapfel in außergewöhnlicher Fruchtigkeit und Finesse produziert.

Nach weiteren fünf Kilometern erreichen Sie das Gartenhotel & Weingut Pfeffel in Dürnstein. Sollte Ihr Aufenthalt auf einen ersten Montag im Monat fallen, können Sie an der Hotelbar Weine und Brände des eigenen Hauses verkosten, die vom Winzer und Schnapsbrenner Leopold Pfeffel mit Witz, Charme und viel Wissenswertem präsentiert werden.

Nach dem Frühstück gehen Sie etwa drei Kilometer weiter zur Domäne Wachau. Eine Führung mit dem Kellermeister Heinz Frischengruber ist jedenfalls zu empfehlen. Das Kellerschlössl ist ein weiteres Prandtauer Baujuwel auf der „Schnopsroas". Ein Höhepunkt sind die zehn- bis dreißigjährigen, fassgelagerten Veltliner- und Glögerbrände, wahre Raritäten, die über die Tatsache, dass es hier keine Marillen – in welcher Form auch immer – gibt, hinwegtrösten.

Das letzte Stück von Dürnstein bis zur Kunstmeile Krems fahren Sie entweder mit dem Bus oder der Wachau-Bahn, die Ihnen allerdings nur drei Mal täglich die Möglichkeit bietet, die Gegend per Bahn zu bereisen. Sehenswert ist jedenfalls das Kulturviertel von Krems und ein Besuch des von Manfred Deix initiierten Karikaturmuseums ist immer zu empfehlen. Sie spazieren von der historischen Altstadt Stein durch die historische Altstadt von Krems bis zu deren Beginn, zum Hotel Restaurant Klingelhuber.

Das Restaurant bietet nicht nur gute österreichische Wirtshausküche, sondern auch die Gelegenheit und einen guten Rahmen für ein Treffen mit Ing. Wolfgang Lukas. Dieser leitet in der Landwirtschaftskammer NÖ das Referat Obstbau und Obstverarbeitung, ist Geschäftsführer des Landesobstbauverbandes, Experte für die richtige Kennzeichnung und Klassifizierung von Obstprodukten und im Vorstand der „Vereinigung zur Präsentation und Prämierung bester Spirituosen", besser bekannt als Destillata. In dieser Funktion ist er mit einem kleinen Team dafür verantwortlich, die Rahmenbedingungen der jährlichen Edelbrandverkostungen zu schaffen und ein geeignetes Ambiente für die abschließende Präsentation der Gewinner im Rahmen einer Gala-Veranstaltung zu finden. Das ist bei einem Verkostungsvolumen von 1000 Edelbränden, Likören und Sprituosen eine große Herausforderung, die er in den letzten 15 Jahren bestens meistern konnte. Daraus resultieren sein reichhaltiger Erfahrungsschatz und eine unvergleichlich gute Kenntnis der österreichischen und internationalen Edelbrandszene. Aber hören Sie selbst ...

Weiter geht's nach Krems-Weinzierl zum Lehenhof von Karl und Traude Ditz. Karl Ditz hat viel zu erzählen über Weinzierl, über den Lehenhof und über Schnaps sowieso. Man hört ihm gerne zu – mit oder ohne Schnapsbegleitung. Aber genauso interessant wie seine Erzählungen sind seine Edelbrände, etwa ein vorzüglicher Aschperl (Asperl), der im Rahmen der Destillata 2003 zum Edelbrand des Jahres gekürt wurde, Marille, Holunder, Nussgeist, Quitte, Cappa (fassgelagerter Tresterbrand), Zigarrenbrand oder eine kräftige, fassgelagerte Zwetschke/Kriecherl. Aber all das und das Lebenswerk der letzten 50 Jahre wurde im Jahr 2017 bei einem verheerenden Brand ein Raub der Flammen. Mit einer unglaublichen Motivation, einem unbändigen Ehrgeiz und einer unbeschreiblichen Liebe zum Weinbau und zur Obstverarbeitung arbeitet Karl Ditz an einem Neubeginn – und das mit 70 Jahren …

Am späten Nachmittag fahren Sie zur letzten Station der Wachauer „Schnopsroas", zum Marillenhof Aufreiter. Am Weg nach Angern bei Krems machen Sie einen Abstecher zum Obsthof Sedelmaier nach Thallern. Martin Sedelmaier ist Obstbaumeister und Obmann des NÖ Obstbauverbandes. Der Betrieb liegt mitten in den Obstanlagen und Sie können – je nach Jahreszeit – Frischobst und einen vorzüglichen Pfirsich- oder Asperlbrand im Schatten der Obstbäume genießen. Von Thallern gehen Sie etwa eineinhalb Kilometer zu Fuß nach Angern, zum Wein- und Marillenhof Aufreiter. Sie beziehen Ihr Quartier in einem der Genießerzimmer der Aufreiters und machen sich auf den Weg zum viereinhalb Kilometer langen Marillen-Rundwanderweg, der durch Wein- und Marillengärten führt und immer wieder einen fantastischen Blick auf das weithin sichtbare Stift Göttweig öffnet.

Nach der Wanderung besuchen Sie den hauseigenen Genuss-Hofladen, um feine Marillenedelbrände, Marillenliköre, Marillenmarmeladen sowie einen Marillen-Schaumwein und einen Marillennektar zu verkosten.

## Verkoster-Notizen »Wachauer Marille«

### Wachauer Marille Zigarrenbrand, 44 %vol

Wachauer Hofbrennerei, Karl Schroll; 3644 Emmersdorf an der Donau
www.wachauer.at
Mobil: 0664-1345956

fruchtiger Charakter in der Nase mit feiner, stimmiger Holznote; am Gaumen wieder viel Frucht mit schönem, würzigem Holz; sehr harmonisch mit schöner Länge

### Wachauer Marillen Fruchtedelbrand, 40 %vol

Marillenhof Kausl, 3622 Mühldorf
www.marillenhof.at
Mobil: 0676- 3809465

sehr frische, reife Marille in der Nase; auch am Gaumen viel Frucht, frisch und fleischig; harmonisch mit langem Nachhall

### Marille, 2006, 100 % reiner Marillenbrand,

Weingut Holzapfel, 3610 Weißenkirchen i. d. Wachau
www.holzapfel.at
Tel: 02715-2310

dezente Frucht in der Nase; sehr würzig; dicht und reif am Gaumen; unglaubliche Länge; animierend

### 20 Jahre Reserve X.A. Veltlinerbrand, Wachauer Weinbrand, 40 %vol

Domäne Wachau, 3601 Dürnstein
www.domaene-wachau.at
Tel: 02711-371

Kaffee, Karamell, Vanille in der Nase, rauchig; auch am Gaumen sehr variantenreich; harmonisch und lang im Abgang; TOP

### Wachau Quitten Strong-Spirits Edelbrand, 48,5 %vol
Lehenhof Ditz, 3500 Krems
www.lehenhof-ditz.at
Tel. 02732-83390

dezente, klare Frucht in der Nase; explodiert am Gaumen; sehr frische, exotische Zitrustöne am Gaumen; überaus langer Nachhall; TOP

### Edelbrand Wachauer Marille, 40 %vol
Weinhof Aufreiter, 3506 Krems Angern
www.weinhof.at
Tel: 02739-2205

sehr reife, fleischige Marille, im Finish ausgereizt; wird am Gaumen etwas filigraner und komplexer; schöne Länge

# IN DEN WEINREGIONEN KAMPTAL, WAGRAM UND TRAISENTAL

**2. TEILSTRECKE // 3 TAGE**

Angern – Langenlois – Hadersdorf – Kleinwetzdorf/Heldenberg – Oberstockstall – Kirchberg/Wagram – Nußdorf/Traisen – St.Pölten – Wien

(299 Bahn-/Buskilometer, 1 Kilometer zu Fuß)

**9. ROUTE**

Von Angern fahren Sie in der Früh mit dem Bus nach Herzogenburg und anschließend mit der Bahn über Krems und Lengenfeld nach Langenlois in das Wine & Spa Resort Loisium. Hier können Sie so richtig eintauchen in die Weinlandschaft, die Weinwelt und die Weintradition des Kamptals. Ein Besuch der Weinerlebniswelt, die vom amerikanischen Star-Architekten Steven Holl geplant wurde, ist architektonisch, kulinarisch und wegen des Unterhaltungswerts ein Muss. Das Durchwandern des Kellerlabyrinths mit einem Audioguide bleibt ein unvergessliches Erlebnis und bringt Ihnen die Weinproduktion des Winzers und Sektherstellers Steininger und die Geschichte des Kamptals näher.

Kurz nach Mittag fahren Sie etwa sechs Buskilometer weiter nach Hadersdorf, wo ein Mittagessen in der Färberstubn auf Sie wartet. Beim Gastwirt, Diplomsommelièr und Organisator der Kamptal Wine Trophy sind Sie kulinarisch bestens aufgehoben.

Nur einen Steinwurf entfernt ist das Anwesen von Ing. Otto Hotzy. Er ist ein sehr erfolgreicher und kreativer Edelbrenner, der in seinem Turmhof einen Marillenbrand (mit dem Namen Mugen), Williams, Weichsel, Cuvee aus alten Apfelsorten (Adam), Chardonnay Traubenbrand (Spondon) und schwarze Johannisbeere zu vorzüglichen Destillaten verarbeitet. Sofern Sie nicht schon in der Färberstubn den „Othello" entdeckt haben, sollten Sie spätestens jetzt diesen 54 %vol-starken, im Akazienfass gelagerten Weinbrand verkosten.

Von Hadersdorf wechseln Sie in die Weinregion Wagram nach Oberstockstall, fahren zuerst mit dem Regionalzug bis Kirchberg am Wagram und gehen dann zu Fuß circa zwei Kilometer bis Oberstockstall, wo Sie nach insgesamt 30 Minuten das Gut Oberstockstall erreichen.

Im Gut betreibt Fritz Salomon einen Demeterhof, auf dem Weinbau und eine Mutterkuhhaltung betrieben werden. Zudem haben Sie die Möglichkeit, in einem der großzügig angelegten Zimmer zu nächtigen und in einem Spitzenrestaurant zu speisen. Fritz Salomon ist einer der wenigen Winzer der Weinregion Wagram, der vorzügliche Edelbrände von der Marille, der Quitte und zwei Tresterbrände von Traminer- und Burgundertrauben destilliert.

Nach dem zeitigen Frühstück fahren Sie mit dem Bus über Großweikersdorf zum Ausflugsziel Heldenberg. Hier bieten Koller's Oldtimer Museum, der Englische Garten, die Sommerresidenz der Lipizzaner der Spanischen Hofreitschule, die Radetzky-Gedenkstätte, das Neolithische Dorf und Aigner's Falkenhof viele Gelegenheiten für einen längeren Aufenthalt.

Am Nachmittag fahren Sie zuerst mit dem Bus nach Ziersdorf, dann mit der Franz-Josefs-Bahn nach Absdorf-Hippersdorf und mit einem weiteren Regionalzug nach Kirchberg am Wagram und besuchen die Gebietsvinothek Wagram Weritas, die 2009 errichtet wurde. Auf der Terrasse oder hinter der gläsernen Weinarchitektur genießen Sie einen der Weine der

50 Wagramer Winzer mit Blick über die Region Wagram bis zum Ötscher und Schneeberg.

Sie gehen etwa zwei Kilometer zurück zum Gut Oberstockstall, wo Sie neuerlich nächtigen.

Am nächsten Tag gehen Sie wieder zu Fuß nach Kirchberg am Wagram, fahren mit dem Regionalzug über Krems und mit ein Mal Umsteigen weiter nach Herzogenburg in die dritte Weinregion dieser Route ins Traisental, wo Sie nach einer knapp 20-minütigen Busfahrt Nußdorf erreichen.

frische Trauben

Das Traisental ist eine sehr junge Weinregion, die es in dieser Form erst seit 1995 gibt. Neben Wein spielt auch Obst eine bedeutende Rolle, das im Rahmen der Genussregion „Traisentaler Fruchtsäfte" in unterschiedlicher Form veredelt wird.

Ein traditionsreiches Weingut und eine seit Jahrzehnten betriebene Destillerie sind im Anwesen der Familie Herzinger in Nußdorf an der Traisen zu finden. Jeden Freitag bietet der Keller der Familie eine passende Kulisse und einen einzigartigen Verkaufsraum für die Obst-, Wein-, Hefe- und Tresterbrände. Ein „Hausbankl" vor der Kellertür lädt ein, die Produktvielfalt aus dem Hause Herzinger zu genießen.

Nach einigen Verkostungs-Runden fahren Sie am Nachmittag zurück nach St. Pölten. Sie haben ab 13 Uhr im Zweistundentakt eine direkte Busverbindung in die niederösterreichische Hauptstadt.

Bevor Sie die Rückreise nach Wien antreten, nehmen Sie sich Zeit, die jüngste Landeshauptstadt näher kennenzulernen.

## Verkoster-Notizen »In den Weinregionen Kamptal, Wagram und Traisental«

### Weix'l Weichselbrand, vor 2000! 41 %vol

Turmhof Hotzy, 3493 Hadersdorf
www.turmhof.at
Tel: 02735-2474

Bittermandl vordergründig; Marzipanton entfaltet sich auch am Gaumen; sehr fein und mild; extreme, altersentsprechende Länge

### Tresterbrand Traminer, echter Tresterbrand aus Traminertrauben, 41 %vol

Weingut Salomon, 3470 Kirchberg/Wagram
www.gut-oberstockstall.at
Tel: 02279-233512

wunderschöne, zarte, typische, fruchtig-grasige Aromen in der Nase; am Gaumen wieder fruchtig, klar, vollmundig; sehr harmonisch mit bleibendem Eindruck; TOP

### Weiße Nuss, Spirituose, 40,5 %vol

Weingut Herzinger, 3134 Nußdorf an der Traisen
www.herzinger.at
Tel: 02783-8648

deutliche grüne Nuss in der Nase, am Gaumen überraschend wuchtiges Nussaroma; harmonisch mit schöner Länge

### Weinhefebrand zur Zigarre, 45 %vol

Weingut Herzinger

feine karamellige Süße in der Nase; druckvolle Hefe-Töne am Gaumen, Vanille, Karamell; anhaltend im Abgang

# MIT DER HIMMELSTREPPE DURCHS DIRNDLTAL

**1. TEILSTRECKE // 3 TAGE**
Wien – St.Pölten – Obergrafendorf – Kirchberg/Pielach – Tradigistgegend – Wienerbruck – Erlaufklause – Mariazell – St.Pölten
(291 Bahn-/Buskilometer, 21 Kilometer zu Fuß)

**10. ROUTE**

Auf der Westbahnstrecke kommen Sie aus allen Richtungen gut und schnell nach St. Pölten. In St. Pölten steigen Sie um auf die „Himmelstreppe" (vormals Mariazellerbahn). Sie fährt insgesamt sieben Mal pro Tag von St. Pölten nach Mariazell und benötigt dafür zwei Stunden und 15 Minuten. Retour geht's ein Mal am Vormittag und fünf Mal am Nachmittag. Bevor Sie die Reise antreten, werfen Sie einen Blick auf den aktuellen Fahrplan der Himmelstreppe. Seit dem Jahr 2013 werden auf der Mariazellerbahn neue Zuggarnituren eingesetzt und nun macht das Zugfahren auf einer der schönsten Bergstrecken Österreichs in den geräumigen Waggons mit gutem Rundumblick wieder richtig Spaß.

Sie starten mit dieser Etappe in der Früh in Wien, steigen am Vormittag in die „Himmelstreppe" um und machen nach einer kurzen Fahrzeit von 17 Minuten den ersten Stopp am Bahnhof Ober-Grafendorf. Sie gehen durch den Ort circa einen Kilometer zum Hofladen der Familie Gatterer. Während Ihnen Michael Stern, die „next generation", variantenreiche, vorzügliche Dirndlschnäpse, Zwetschken- und Mostbirnenbrände kredenzt, lernen Sie im Hofladen alle Variationen der Dirndlfrucht, selbstverständlich auch prämierte Moste und Säfte in höchster Qualität kennen.

Gatterers umfangreiche Produktpalette umfasst Most-, Saft-, Fleisch- und Brotspezialitäten, Aufstriche und eine große Auswahl an Dirndlprodukten wie Dirndlmarmelade, -sirup, -fruchtsaftgetränk, Weiß- und Bitterschokolade mit Dirndlfüllung, Dirndledelbrände, -liköre und Dirndlwein.

Eine Besonderheit unter den Pielachtaler Destillaten ist der Original Pielachtaler Dirndlbrand, eine österreichweit geschützte Marke. Geschmacklich ist dieser Brand eine Rarität, das Aroma zeigt einen süßlich feinen Fruchtcharakter mit dezentem Trüffelton, ist zart grasig und leicht ölig im Abgang.

Rund um die Dirndlfrucht haben sich bereits vor über zehn Jahren die ersten Vermarktungs- und Verarbeitungskooperationen gebildet. Vor allem Anton Gonaus, Bürgermeister von Kirchberg, Elfriede König, Peter Humpelstetter und Josef Fuxsteiner sen. ist es zu danken, dass mit der Gründung der Pielachtaler Edlbrandgemeinschaft, mit dem österreichweiten Schutz der Ursprungsbezeichnung, der Gründung der Dörrobstgemeinschaft und schließlich der Geburt der Genussregion Pielachtaler Dirndl wichtige, vorausschauende Impulse gesetzt wurden.

Sie setzen Ihre Fahrt mit der Himmelstreppe fort und erreichen kurz vor Mittag Kirchberg an der Pielach, wo Sie im Gasthaus Kalteis Ihr Mittagessen genießen. „Der Kalteis" ist bekannt für seine exzellente Küche sowie seine große Wein- und Edelbrandauswahl. Eine Reise ins Pielachtal, ohne den „Kalteis" zu besuchen, wäre wie ein Urlaub in Griechenland, ohne Ouzo zu trinken. Hubert Kalteis zählt zu jenen Schnapswegbegleitern, die mich am Beginn meiner Edelbrandleidenschaft überzeugen konnten, dass gute Schnapsqualität in keinem Genießerlokal fehlen darf. Mit seinem Angebot an erlesenen Edelbränden, die der Gast aus dem Schnapsbuch wählen kann, zählt er zweifelsohne zu den gastronomischen Vorreitern und -denkern in Sachen Edelbrand.

> ## *Tipp*
> Die beste Jahreszeit für eine Fahrt mit der Himmelstreppe, eine Wanderung in den Ötschergräben und einen Besuch des Dirndltals ist die Zeit der Dirndlblüte Ende März, Anfang April, rund um den Dirndlkirtag Ende September oder zur Zeit der Adventmärkte im Dirndltal und in Mariazell an den vier Adventwochenenden.

Nach einem köstlichen und gemütlichen Aufenthalt geht's wieder zurück Richtung Bahnhof, etwa eine Stunde zu Fuß ziemlich bergauf über Sois und „Auf der Eben" und eine weitere halbe Stunde eher flach und bergab zum Bergbauernhof der Familie Fuxsteiner und zur 1. Dirndldestillerie und -manufaktur Österreichs. Bei gutem Wetter haben Sie beim „Aufstieg" auf die Eben immer wieder einen herrlichen Blick in das Pielach-, das Dirndltal. Im sehr geschmackvoll gestalteten Ab-Hof-Laden (Dirndlshop) der Familie Fuxsteiner gibt's dann hochprozentige Besonderheiten zu verkosten. Neben Dirndl, Mirabelle und Zwergholunder finden Sie hier unzählige prämierte Liköre und andere Leckereien aus der Dirndl-Wildobstfrucht.

Eine wichtige Rolle spielt auf dem Bergbauernhof neben der kleinen Landwirtschaft mit Milchviehhaltung die Veredelung alter Obstsorten, insbesondere der Dirndl-Wildfrucht, die von bis zu 500 Jahre alten Dirndlsträuchern geerntet wird. Die Besonderheit des Dirndlholzes ist seine Härte und Zähigkeit. Früher wurden daraus Radspeichen, Stiele, Keile usw. gefertigt. Fuxsteiners Produktpalette reicht von über 40 Edelbränden und Likören über Dirndl-Sirup, Dirndl-Marmelade und Dirndl-Mus bis zum Dirndl-Creme-Honig. Die Bergbäuerin und Edelbrandsommelière Melanie Fuxsteiner war die erste Dirndlkönigin des Pielachtals.

Am Rückweg, den Sie am späten Nachmittag antreten und für den Sie eine gute Stunde einplanen, genießen Sie neuerlich die unbeschreiblich schöne Landschaft des Pielachtals. „Auf der Eben", kurz nach dem Anwesen der Fuxsteiners, könnten Sie Ihr Nachtquartier bei Familie Kollermann beziehen. Auch hier wohnt eine Dirndlkönigin, „Julia I.", Julia Kollermann, die gelegentlich als Moderatorin eines Privatsenders zu sehen und zu hören ist.

Ötschergraben

Sie machen eine Morgenwanderung hinunter ins Tal zum Bahnhof Kirchberg und reisen mit der Himmelstreppe weiter bis Wienerbruck-Josefsberg. Wienerbruck wird als Tor zu den Ötschergräben bezeichnet und ist Ausgangspunkt für eine etwa dreistündige Wanderung im Naturpark Ötscher-Tormäuer bis zur Bahnstation Erlaufklause mit einer stärkenden Mittagsrast beim Ötscher Hias.

In Erlaufklause gibt's am Nachmittag zwei Mal einen Bahn-Anschluss nach Mariazell, wo nach etwa zwölf Minuten Endstation der Himmelstreppe ist.

Ein etwa 15-minütiger Fußmarsch führt in das Zentrum zu Pirkers Mariazellerhof, eines von mehreren Standbeinen des traditionsreichen Familienunternehmens Pirker. Nehmen Sie sich genug Zeit für dieses außergewöhnliche Lebkuchen-, Honig-, Wachs-, Essig und Schnapsparadies. Ein besonderer Höhepunkt ist eine Verkostung mit dem Brennmeister im einzigartigen Ambiente der Brennerei. Die hochprozentige und hochprämierte Palette reicht vom Zwetschken-, Dirndl-, Mispel- und Schlehdornbrand über den Edelbrand von der schwarzen Johannisbeere, der Stachelbeere, der Himbeere bis zum Honigbrand und natürlich dem Mariazeller Kräuterbitter, eine Spirituosenkategorie, die in keinem Wallfahrtsort fehlen darf. Die Destillerie Pirker ist immer wieder in den vorderen Rängen nationaler und internationaler Verkostungen zu finden und zählt damit zu den besten Brennereien Österreichs.

Nach einer Nächtigung in Pirkers Mariazellerhof und bevor Sie die Rückreise antreten, ist ein Besuch der Basilika unbedingt zu empfehlen. Sie zählt zu den bedeutendsten Wallfahrtskirchen in Europa, ist das Ziel vieler Pilgerwege und liegt am Österreichischen Weitwanderweg 06, der vom Pöstlingberg in Linz nach Mariazell führt. Die Basilika ist ein barockisiertes, gotisches

Baujuwel, das weithin sichtbar ist und den kirchlichen Titel „Nationalheiligtum" trägt.

Auf der Rückreise mit der Himmeltreppe bietet die erste Stunde der Bergstrecke von Mariazell bis Laubenbachmühle ein einmaliges Naturerlebnis. Insgesamt dauert die Fahrt von Mariazell nach St. Pölten zwei Stunden und 17 Minuten.

*Verkoster-Notizen*
*»Mit der Himmelstreppe durchs Dirndltal«*

**Kletzenbirn Qualitätsbrand, 42 %vol**

Hofladen Gatterer, 3200 Ober-Grafendorf
www.gatterer-abhof.at
Tel: 02747-2448

typisch erdiges Birnenaroma; auch am Gaumen würzig und rustikal, dicht und kräftig, harmonisch; langer Abgang

**Dirndlbrand, 40,9 %vol**

Hofladen Gatterer

in der Nase sehr klare, dezente Frucht; Fruchtcharakter am Gaumen stärker, herb und würzig mit schöner Länge

**Zwerg-Holunder-Brand Pielachtal, 40 %vol**

Dirndlmanufaktur Fuxsteiner, 3204 Kirchberg an der Pielach
www.fuxsteiner.at
Tel: 02722-7408

sehr intensiver, kräftiger Holunder in der Nase; auch am Gaumen schöne Frucht, reif und dicht; sehr harmonisch, sehr langer Nachhall

### Cornelian, Dirndl Brandy, 4 years old, 41 %vol
Dirndlmanufaktur Fuxsteiner

sehr fein-gliedrig, fruchtig und blumig in der Nase; am Gaumen sehr dicht, fruchtig, feines Holz mit Karamell- und Röstaromen, harmonisch mit langem Nachhall, TOP

### Edelbrand Schlehe, 100 % reines Fruchtaroma, 42 %vol
Destillerie Pirker, 8630 Mariazell
www.pirker-lebkuchen.at
Tel: 03882-21790

sehr klar und fruchtig in der Nase, Marzipan; zeigt auch am Gaumen sehr feine Frucht- und Bittermandeltöne; sehr harmonisch; langer Nachhall; TOP

### Lebkuchenlikör, 15 %vol
Destillerie Pirker

sehr feine Zimtnote in der Nase, am Gaumen volles, cremiges Lebkuchenaroma, Gewürznelke, Zimt, Karamell, sehr harmonisch, milder, schöner Nachhall, TOP

Elsbeerbaum im Herbst

# MICHELBACHER ELSBEERWEG

**2. TEILSTRECKE // 2 TAGE**
St.Pölten – Michelbach – Hochstrass – Michelbach – Wien
(178 Bahn-/Buskilometer, 20 Kilometer zu Fuß)

**10. ROUTE**

Die Region „ElsbeerReich" im südwestlichen Wienerwald zeichnet sich durch eine weltweit einzigartige Dichte an solitären, fruchtreichen Elsbeerbäumen aus. Das Elsbeer-Reich umfasst 23 Gemeinden und verbindet das Mostviertel und den Wienerwald sowie die Bezirke St. Pölten-Land, Lilienfeld und Baden. In Michelbach, Stössing, Kasten und Brand-Laaben finden sich die meisten Produzenten und Aktivitäten des 2007 gegründeten Vereins „Elsbeerreich – Genussregion Wiesenwienerwald Elsbeere". Er hat sich zum Ziel gesetzt, die Bekanntheit dieser besonderen Frucht zu erhöhen, einen Absatzmarkt für Elsbeer-Produkte zu schaffen und diese gezielt zu bewerben.

## *Tipp*

Eine Wanderung am Elsbeer-Rundwanderweg ist während der Blüte Mitte Mai, während des Mostheurigenbetriebes der Familie Zöchling im Juli und August oder zur Erntezeit Ende September zu empfehlen; ein Picknick-Rucksack ist gegen Voranmeldung mindestens einen Tag vorher bei Familie Vonwald erhältlich.

Als Anreise, für die knapp 50 Minuten einzuplanen sind, empfehle ich gegen Mittag den Bus vom St. Pöltner Bus-Terminal nach Michelbach (Ausstieg Jägerbrücke vor der Abzweigung an der L132 in das Ortszentrum von Michelbach), dann etwa 700 Meter Fußmarsch Richtung Südosten entlang des Durlasbaches nach Untergoin zum Landgasthaus Schwarzwallner, das 2016 mit 83 Falstaff-Punkten ausgezeichnet wurde. Eine von vielen Speiseempfehlungen: Elsbeer-Leberkäs mit Erdäpfeln und Krautfleckerln.

Von hier geht's die gleiche Strecke wieder zurück nach Kropfsdorf zum Anwesen der Familie Vonwald und zum Einstieg in den Elsbeer-Rundwanderweg. Der Elsbeer-Wanderweg wurde im September 2012 eröffnet und ist als Themenweg rund um die Elsbeere – im Volksmund auch Adlitzbeere genannt – angelegt. Die Elsbeere gilt als Königin der Wildfrüchte. Neben der Elsbeere, dem Speierling, der Eberesche und der Mehlbeere sind hier auch unzählige Dindlsträucher, aber auch Apfel-, Birnen-, Zwetschken- und Kirschenbäume zu finden, die eine gute Basis für reichliche Edelbrand- und Likörbestände bei den Partnerbetrieben der Genussregion bilden.

Einer davon – gleichzeitig der Ausgangspunkt des Elsbeer-Rundwanderwegs – ist der „Hausbauer". Hier versorgen Sie sich bei Gertraud und Johann Vonwald mit einem Proviant-Rucksack, der mit Schmankerl rund um die Elsbeere gefüllt ist. Nicht zu vergessen eine Verkostung der „vonwaldschen", hochprozentigen Köstlichkeiten wie einen Apfel-, einen Birnen-, einen Kirsch-, einen Dirndl- und natürlich einen Elsbeerbrand sowie die süßen Varianten der Kirsche und Elsbeere.

Vom Parkplatz beim Hausbauer geht's Richtung Schutzhaus auf den Hegerberg. Aber schon nach etwa zwei Kilometern wartet der nächste Halt. „Auf der Prinz" treffen Sie nicht nur den Obmann dieser Genussregion, Norbert Mayer. Seine Frau Veronika ist eine vorzügliche Edelbrennerin, deren Kirsch-, Dirndl-, Zwetschken-, Mispel-, Elsbeer-, Butterbirn- und Nagowitzbirnbrand sehr zu empfehlen sind. Um all das zu verkosten und in das fabelhafte Reich der Eslbeere einzutauchen, bietet sich der neu gestaltete Verkaufs- und Verkostungsraum auf 90 m² an.

Nach circa drei Kilometern erreichen Sie die höchste Erhebung dieser Wanderung, den auf 635 Meter Seehöhe gelegenen Hegerberg. Schon allein des Ausblicks wegen lohnt sich hier eine Rast –, aber auch der Inhalt des Proviant-Rucksackes wartet darauf, verspeist zu werden. Nach weiteren drei Kilometern erreichen Sie das Refugium Hochstrass, ein ehemaliges Kloster, das 2015 zu einem Hotel umgebaut wurde.

Hier lohnt sich eine Nächtigung, um das Flair der Klostermauern, die Ruhe und Abgeschiedenheit (ohne Handyempfang und TV-Anschluss) zu genießen.

Gute Voraussetzungen also, um sich bei einem gemütlichen Abendessen mit dem Mostexperten und Edelbrandsommelièr Karl Hofecker zu treffen. Dieser Name ist untrennbar mit der Most- und Edelbrandszene des Alpenvorlandes verbunden. Ing. Karl Hofecker unterrichtet in der landwirtschaftlichen Fachschule Pyhra Obstverarbeitung, Landtechnik und Rechnungswesen und war auch über ein Jahrzehnt als Lehrer an der Fachschule in Hochstrass tätig. Als Verantwortlicher für das Mostlabor, Organisator von knapp 50 Edelbrandkursen, Berater der Obstmostgemeinschaft Alpenvorland sowie Betreuer der Landjugend im Bezirk Hainfeld/Lilienfeld wird er weit über den Schulbetrieb hinaus als Experte der Obstverarbeitung, Most-

und Edelbrandverkoster geschätzt. Darüber hinaus ist er seit zwei Jahrzehnten für die Auswahl und Krönung der insgesamt 32(!) Mostprinzessinnen, Most- und Dirndlköniginnen verantwortlich. Bei einem Treffen mit Karl Hofecker gibt es vielfältige Gesprächsthemen, die – abseits von Most und Edelbrand – auch mit seinem Gipfelsieg am Kilimandscharo einen spannenden, kurzweiligen Abend versprechen.

Nach einer erholsamen Nächtigung geht's am nächsten Tag das restliche Stück des Rundwanderwegs circa drei Kilometer wieder zurück bis Untergoin und weiter vier Kilometer zum Nutzhof, dem Mostheurigenbetrieb der Familie Zöchling. Auch am Nutzhof warten ausgezeichnete Edelbrände und Liköre darauf, gekostet zu werden. Zu Fuß, mit Bus und Bahn geht's dann wieder zurück nach St. Pölten. Der Bus nach St. Pölten fährt ab Untergoin gegen Mittag und zwei Mal am frühen Nachmittag.

## Verkoster-Notizen »Michelbacher Elsbeerweg«

**Elsbeere Edelbrand, 42 %vol**

Mayer, 3074 Michelbach
www.elsbeere.at
Mobil: 0664-9568341

explosive Frucht-Bittermandelnote in der Nase; bleibt auch am Gaumen sehr frisch und fruchtig, wieder Bittermandel, Zimt, Pfeffer, sehr vielschichtig am Gaumen; entwickelt sich mit bleibendem, komplexem Charakter; TOP

**Nagowitz Birnenbrand, 42 %vol**

Mayer

dezente Birnen-Aromatik, vielschichtige Aromen, finessenreich; analog am Gaumen, sehr dicht, erdig, rustikal; anhaltend im Abgang

**Kirsch Edelbrand, 43 %vol**

Vonwald „Hausbauer", 3074 Michelbach
www.vonwald.net
Tel: 02744-8216

sehr feiner, frischer, schokoladiger Kirschton; auch am Gaumen viel reife Frucht, frisch und saftig, etwas Bittermandel; sehr harmonisch mit schöner Länge

**Mostbrand „Mostler", 41 %vol**

Zöchling/Nutzhof, 3074 Michelbach
www.nutzhof.at
Tel: 02744-8289

sehr frischer, klarer Most; auch am Gaumen sehr schöner Mostcharakter, fruchtig, Hefe; sehr harmonisch; schöner Nachhall

Ysperklamm

# MELKER „SCHNOPSROAS"

**5 TAGE**

Wien – Ybbs/Donau – Ysperklamm – Stangles – Maria Taferl – Kilb – Heinrichsberg – Rametzberg – Kilb – St.Pölten – Wien

(304 Bahn-/Buskilometer, 27 Kilometer zu Fuß)

Eine Reise ins Yspertal ist schon allein wegen der Ysperklamm immer wieder zu empfehlen. Aber es gibt noch einen weiteren Grund: die Wirtshausbrennerei von Hans Krenn.

Die Anreise erfolgt wieder auf der Westbahn-Strecke bis Ybbs an der Donau. Von Ybbs gibt's am späten Vormittag eine Busverbindung zur Ysperklamm.

Schönes Wetter und gutes Schuhwerk vorausgesetzt, durchwandern Sie die Ysperklamm, die größte Klamm Niederösterreichs, bequem in etwa einer Stunde – Fotostopps nicht miteingerechnet. Etwa zwei Kilometer und 300 Höhenmeter führt der schattige Weg vom Forellenhof über unzählige Aufstiegshilfen zum ehemaligen Ödteich, dem Ausgangspunkt der Holztrift, die bis 1931 eine wichtige Funktion in der Holzwirtschaft in der Region hatte. Für den Abstieg wählen Sie die gleiche Route durch die Klamm oder einen etwas längeren, aber bequemeren Weg über Forststraßen und Güterwege. Der Weg durch die Ysperklamm ist Teil des etwa neun Kilometer langen Druidenweges. Sie ist seit dem Jahr 1952 Naturdenkmal.

> **Tipp**
> Für eine Wanderung durch die Ysperklamm sollten Sie aufgrund des großen Andrangs keinen Sonntag wählen und achten Sie auf die Öffnungszeiten der Wirtshausbrennerei!

Einige Mühen und Anstrengungen sollten Sie auf sich nehmen, um dann den Kulinarik-Tempel der Krenns in vollen Zügen genießen zu können. Denn Martina Krenn ist eine vorzügliche Köchin und kredenzt im Landgasthof Peilsteinblick herzhafte regionale Schmankerl, verfeinert mit Obst, Gemüse und Kräutern aus dem eigenen Garten. Ob man nach einem ausgiebigen Essen gleich mit einigen Edelbränden abschließt oder zuerst im Weinkuppelkeller die beachtliche Sammlung vorzüglicher Weine verkostet, ist Geschmackssache. Davor könnten Sie eines der behaglichen Komfortzimmer mit direktem Zugang zum Obstgarten beziehen, der vor allem zur Zeit der Zwetschken-Reife von Vorteil ist. Immer wieder beeindruckend sind die Verkostungen der hochprämierten Edelbrände von und mit Brennmeister Hans Krenn, der seine Erfahrungen an seinen Sohn Lukas weitergibt. 2018 ist auch die nächste Generation in den elterlichen Betrieb eingestiegen, um die Tradition großartiger Krennschnäpse fortzusetzen.

Egal ob Kriecherl-, Zwetschken-, verschiedene Birnen-, Quitten-, Riesling-, Marillen-, Trauben-, Wildkirsch-, Schlehen-, Himbeer- oder Schwarze-Ribisel-Brände – sie zeichnen sich allesamt durch eine feine Fruchtstilistik und -typizität aus.

Nach einer erholsamen Nacht in Stangles fahren Sie am nächsten Tag mit dem Bus über Ybbs nach Maria Taferl.

Es ist ein beliebter Wallfahrtsort im südlichen Waldviertel mit einer prächtigen Basilika und einem einzigartigen Blick ins Donautal. An der am Nordufer der Donau weithin sichtbaren Basilika hat Jakob Prandtauer als einer von drei Baumeistern in der 60-jährigen Bauzeit mitgewirkt.

## *Tipp*

Um das Alpenpanorama und den Blick ins Donautal genießen zu können, wählen Sie einen Schönwettertag. Ein Sonntag eignet sich besonders gut, um auch eine Messfeier, das besondere Flair der Basilika und den Frühschoppen mitzuerleben.

Die Brennerei Schüller liegt direkt neben der Basilika Maria Taferl, ist seit 1750 im Familienbesitz und wird heute in der 7. Generation von Christian und Maria Schüller geführt. Seit Sommer 2011 unterstützt Lukas nach achtjähriger Berufserfahrung im In- und Ausland mit viel Engagement den elterlichen Betrieb.

Christian Schüller ist nicht nur ein „alter Hase" in der Edelbrennerszene. Er hat sehr wesentlich an der Renovierung der Basilika in den Jahren 2004 bis 2009 mitgewirkt und dazu beigetragen, dass der bedeutendste Marienwallfahrtsort der Diözese St. Pölten in neuem Glanz erstrahlt.

Zu einem hochprozentigen „Sonntags-Frühschoppen" laden Christian und Lukas Schüller in ihre Genusswerkstatt ein. Nach den obligatorischen Frankfurtern werden Speckbirnen-, Marillen-, Kriecherl-, Trester-, Himbeer- und Holunderbrand serviert und – wie sich's für einen Wallfahrtsort gehört – der Original Maria Taferl Magenbitter nach einem Familienrezept aus dem Jahr 1755.

Sie sollten in Maria Taferl auch das Ambiente im Restaurant Donauterrasse und die hervorragende Kulinarik im Haus Krone der Familie Schachner erleben. Das geht am besten, wenn Sie gleich im Haus Krone nächtigen.

Bevor Sie die Weiterreise nach Kilb antreten, besuchen Sie zu Fuß die Käsehütte Stix in Wimm, etwa einen Kilometer außerhalb von Maria Taferl.
    Sie passieren dabei einen Golfplatz, der in die hügelige Landschaft des südlichen Waldviertels eingebettet ist.
    Die Käsehütte verfügt über eine reichhaltige Auswahl an Käse- und Milchprodukten von Kuh, Schaf und Ziege aus 18 Hof- und Kleinkäsereien der Genussregionen Österreichs. An einem Sonntag Ende Oktober findet auch der weit über die Region hinaus bekannte Käsemarkt in Maria Taferl statt.

Nach einer Fahrzeit von eineinhalb Stunden erreichen Sie Kilb. Kilb war – was wenige wissen – um 1900 ein Zentrum des Obstbaus, das sich durch den österreichweit anerkannten Pomologen und Baumschulbesitzer Anton Sirninger einen Namen gemacht hat. Der Obstbau und die Obstverarbeitung haben in der Mostviertler Gemeinde eine lange Tradition. Darauf aufbauend öffnet der Mostheurige Janker seit über 30 Jahren Ende April/Anfang Mai seine Pforten. Auch die Kilber Edelbrandgemeinschaft, ein

Zusammenschluss von fünf Schnapsbrennern, setzt mit ihrer Gründung vor über 20 Jahren diese Tradition fort.

Einige Gründe also, Kilb zu besuchen, um sich auf Spurensuche zu begeben und die seit Jahrzehnten vermisste Sirninger Birne, eine nach dem Baumschulbesitzer Anton Sirninger benannte Mostbirnensorte, aufzustöbern oder einfach nur um die Köstlichkeiten aus den Obstgärten – in welcher Form auch immer – zu genießen.

Kilb

## *Tipp*

Ein Besuch der Kilber Edelbrenner ist nicht jeden Tag und zu jeder Tageszeit möglich, daher ist eine telefonische Voranmeldung unbedingt notwendig.

Ausgangspunkt der „Kilber Schnopsroas" ist der Kirchenplatz. Zuerst besichtigen Sie die Kirche mit dem imposanten Hochaltar. Nehmen Sie sich Zeit für eine 60-minütige Kirchenführung, die gegen Voranmeldung als „Kirchenführung für alle Sinne" gebucht werden kann.

Nach einem kurzen 10-minütigen Spaziergang auf der B29 Richtung St. Pölten kommen Sie nach Mallau zum Obst- und Milchbauern sowie Edelbrenner Josef Neuhauser. Er zählt zu den Newcomern in der regionalen Brennerszene und hat die Obstverarbeitung in seinem landwirtschaftlichen Betrieb zu einem wichtigen Erwerbszweig entwickelt. Dies ist nicht zuletzt auf die hohe Produktqualität zurückzuführen, die sich in zahlreichen Prämierungen für seine Moste, Säfte, Edelbrände und Liköre manifestiert. Neben Frischobst im Herbst bietet die Familie Neuhauser in ihrem Hofladen das ganze Jahr über ausgezeichnete Säfte und Moste an. Besonders empfehlenswert sind die Edelbrände von der Mostbirne, der Kirsche, der Zwetschke und falls verfügbar der Vogelbeere und der Williamsbirne.

Der Rückweg führt abseits der Hauptstraße Richtung Volkersdorf entlang der Sierning und am neuen Radweg (ehemalige Bahntrasse der „Krumpe") wieder ins Ortszentrum von Kilb zum Gasthof Fischl.

Wenn Sie für die erste Etappe einen Mittwoch gewählt haben, besuchen Sie den Wochenteiler beim Kirchenwirt Fischl (oder wie der Schriftsteller Thomas Bernhard zu sagen pflegte „im Gasthaus zur Eisernen Hand"). Mit etwas Glück bietet Ihnen der Wirt eine „alte" Zwetschke aus 1989 an (von Fischl Hubert sen. destilliert). Sollte es ein anderer Wochentag sein, dann führt kein Weg vorbei an den Köstlichkeiten des Bäcker- und Konditormeisters.
Die Nächtigung empfehle ich im Landgasthof Heinrichsberg, einem NÖ Wirtshauskulturbetrieb in einem, etwa drei Kilometer westlich von Kilb gelegenen, typischen Mostviertler Vierkanthof.
Wer gut zu Fuß ist, kann sich am nächsten Tag alleine oder in Begleitung zu einer Ganztagesetappe auf den Weg machen. Zuerst geht's von Heinrichsberg nach Petersberg zum Bioladenbetreiber, Eisproduzenten und Edelbrenner Herbert Hansinger. Er veredelt ausschließlich Obst aus biologischem Anbau und überzeugt immer wieder mit gehaltvollen, kräftigen Edelbrän-

den. Fassgelagerte Zwetschken- und Geläger-Brände sind hier besonders zu empfehlen. Kirsche, Birne oder Quitte schmecken am besten neben dem großzügig angelegten Naturteich.

Weiter führt die Wanderung zum Mostheurigen-Betrieb von Fritz Janker, wo neben Spitzenmosten auch hervorragende Edelbrände aus Asperl (Mispel), Roter Holzbirne, Himbeere, Apfel-Nuss oder ein im Kastanienfass gelagerter Zwetschken-Brand warten. Als Jungunternehmer hat er sich das Ziel gesetzt, den traditionsreichen Mostheurigen am Rametzberg fortzuführen und neue Impulse durch kreative Produktentwicklungen zu setzen. Fritz Janker ist ebenso wie sein Bruder Florian Edelbrandsommelièr und Sprecher der Kilber Edelbrandgemeinschaft.

Weiter geht die Kilber „Schnopsroas" ein Stück den Römerweg 651 entlang bis Christenberg zu Leopold Grießler. Eine Verkostung beim „Griassla in Gristnberg" gilt als legendär und hat eine lange Tradition. Daher nehmen Sie sich Zeit, das Edelbrandsortiment durchzukosten, begleitet von einer guten Jause. Als Edelbrandpionier, erster Sprecher der Kilber Edelbrandgemeinschaft und Edelbrandsommelièr hat er wesentlichen Anteil an der Hebung der Produktqualität und an der Fortführung der jahrzehntelangen Brennertradition in Kilb.

Wieder geht's am Römerweg etwa vier Kilometer zurück nach Rametzberg, diesmal zum Gasthof Pitterle, dem weit über die Region hinaus bekannten Backhendl-Wirt. Der Top-Wirtshauskulturwirt hat ein reichhaltiges Speiseangebot rund ums Huhn, verfügt über eine imposante Bierkarte, lädt alljährlich im Sommer zu Grillabenden ein und bietet auch Gästezimmer an. Eine gute Gelegenheit, diesen Tag mitten im Grünen ausklingen zu lassen.

Die dritte und letzte Etappe der Kilber „Schnopsroas" führt am nächsten Tag zu Fuß von Rametzberg über Panschach und Kettenreith nach Hohenbrand zur Familie Franz Fahrngruber. Als Musiker und Organisator widmete er sich über drei Jahrzehnte lang seinen „Hochsteinbergern". Neben frischem Schafkäse warten hier neben einem vorzüglichem Ringlotten-, Dirndl- oder Zwetschkenbrand auch einige Likörspezialitäten.

Am Rückweg kehren Sie in Toni's Bier- und Weinstube in Kettenreith ein. Ein Mittagessen, aus regionalen Produkten zubereitet, wird zumeist mit sehr speziellen Edelbränden beendet. So kann es schon vorkommen, dass der Wirt einen Wodka mit schwarzen Trüffeln oder einen echten Enzian aus dem Tresor(!) holt.

Sie wandern wieder zurück nach Kilb, wo Sie mit dem N-Bus nach St. Pölten und auf der Westbahnstrecke Richtung Osten oder Westen heimreisen.

## *Verkoster-Notizen »Melker Schnopsroas«*

### Rote Williamsbirne, 41,7 %vol

Wirtshausbrennerei Krenn, 3683 Yspertal
wirtshausbrennerei-krenn.jimdo.com
Tel: 07415-7258

sehr frisches, klares Birnenaroma; reife, pikante, rassige Birne am Gaumen; druckvoll, dicht und harmonisch; viel Substanz; TOP

### Marille, 2015, 41,6 %vol

Wirtshausbrennerei Krenn

feine, klare Frucht in der Nase; feine Fruchtaromatik, frische Marmelade; viel Druck am Gaumen, sehr würzig, fruchtig, saftig und sortentypisch; gute Länge, animierend; TOP

### Traubenkirsche, 2013, 41,5 %vol
Wirtshausbrennerei Krenn

deutlicher Marzipanton mit deutlicher Frucht in der Nase; am Gaumen kräftige Fruchtaromatik mit leichtem Bitterl; druckvoll am Gaumen; gute Länge; TOP

### Weichsel 100 % Destillat, 41 %vol
Schüller Liköre und Edelbrände, 3672 Maria Taferl
www.brennerei-schueller.at
Tel: 07413-303

sehr klare, wunderschöne Frucht in der Nase; kräftig, reif, vollmundig am Gaumen, geringfügige Bittermandelaromen; sehr langer Nachhall; TOP

### Maria Taferl Dry Gin No 5, 44 %vol
Schüller Liköre und Edelbrände

klassische Wacholdernote mit frischen Orangentönen, kühle Aromatik; pfeffrig, würzig, blumig und frisch; viel Druck am Gaumen, sortentypisch; gute Länge; TOP

### Mostbirnen Österreichischer Qualitätsbrand, 40 %vol
Neuhauser, 3233 Kilb
E-Mail: obstbau.neuhauser@aon.at
Tel: 02748-6082

typische Dörrbirne; fein, aromareich und dicht in der Nase; am Gaumen wieder sortentypisch, fleischig, guter Biss; im Abgang anhaltend

### Donnerbirne Edelbrand, 41 %vol
Janker, 3233 Kilb
www.janker.co.at
Tel: 02748-7334

feingliedrige, grüne Mostbirne; kräftig-würzig-erdig und komplex am Gaumen; schöne Länge mit Potenzial

### Apfel-Nuss Kilber Edelbrand, 39,1 %vol
Janker

sehr frisch im Duft, Apfel, grüne Nüsse; auch am Gaumen ein schönes Aromaspiel zwischen frühen, reifen Äpfeln und herben Nüssen; sehr harmonisch mit schöner Länge; TOP

### Dirndl 100 % Fruchtdestillat, 39 %vol
Grießler, 3233 Kilb
www.members.aon.at/leosfarm
Tel: 02748-7391

dezente, reife Frucht in der Nase; auch am Gaumen sehr weich und fein; harmonisch von Beginn an; schöne Länge

### Obstweinbrand im Eichenfass gelagert, 38,5 %vol
Grießler

Hefe und Vanille in der Nase; feine Most-Note mit kräftigem Fasston am Gaumen; weich und harmonisch; nachhaltig im Abgang

### Most Geläger im Fass, 100 % Destillat, 44 %vol
Bio Hansinger, 3233 Kilb
www.hansinger.at
Tel: 02748-7466

frisch-fruchtiges Duftspiel, Hefe und Holz; kräftiger Most mit gut eingebundenem Holz; sehr reif und lang anhaltend; TOP

### Edelbrand Zwetschken 1997, aus biologischer Landwirtschaft, 41 %vol
Fahrngruber, 3233 Kilb
marktstatthof@utanet.at
Tel: 2748-74 05

sehr weiche reife Frucht; auch am Gaumen deutliches Fruchtaroma; schöne Länge

# BEI DEN MOSTBARONEN

**5 TAGE**

Wien – Amstetten – Haag – Öhling – Giggerreith – Amstetten – Ardagger – Pittersberg – Kothmühle – Amstetten – Wien

(325 Bahn-/Buskilometer, 33 Kilometer zu Fuß)

**12. ROUTE**

Seit 2003 sind die Mostbarone als Botschafter des Birnenmostes landauf und landab unterwegs. Die rund 20 Mitgliedsbetriebe verteilen sich auf das gesamte Mostviertel.

Kreisverkehr Amstetten West

Ein Zentrum der Mostbarone ist zweifelsohne die Region Amstetten, die nicht nur kulinarisch einiges zu bieten hat. In den Monaten Mai bis August laden hochkarätige Kulturveranstaltungen zum Besuch ein. Und davor lockt die Region mit einem einzigartigen Naturschauspiel.

Mitte bis Ende April verwandelt sich die hügelige Naturlandschaft – dank des reichhaltigen Birnen- und Obstbaumbestandes – in ein weißes Blütenmeer. Es ist daher wenig überraschend, dass sich die Region rund um Amstetten 2005 zur Genussregion „Mostviertler Mostbirn" zusammengeschlossen hat.

## *Tipp*

Die wohl schönste Zeit, das „Land der Mostbarone" zu bereisen, ist die Birnbaum-Blüte Mitte bis Ende April. Kulturelle Höhepunkte in dieser Region sind das Zoa Festival rund um Christi Himmelfahrt in Stift Ardagger, der Haager Theatersommer oder der Musicalsommer Amstetten im Juli und August. Diese Veranstaltungen lassen sich gut mit den Mostbaronen Datzberger, Distelberger, Hauer und Hiebl verbinden.

Amstetten liegt an der Westbahnstrecke und ist aus allen Richtungen rasch erreichbar. Die Weiterreise vom Bahnhof zu den Mostbaronen ist gut zu Fuß zu bewältigen: etwa zur 3 km entfernten Schaubrennerei der Familie Hauer oder zum 4 km entfernten Genussbauernhof von Irmi und Toni Distelberger oder zum Seppelbauer, der 5 km außerhalb der Bezirkshauptstadt liegt.

Von Wien kommend erreichen Sie nach circa zwei Stunden Fahrzeit auf der Westbahn-Strecke den Bahnhof Haag. Der etwa drei Kilometer lange Weg vom Bahnhof zur Destillerie Hiebl nach Reichhub führt über den Mostwanderweg 390. Den letzten Kilometer säumen mächtige, alte Birnenbäume.

Mit Georg und seinem Bruder Robert Edelbrände zu verkosten ist Kulinarik und Trinkgenuss auf höchster Stufe. Es ist kein Zufall, dass die Destillerie Hiebl im Jahr 2014 in London als „Boutique Distiller of the year" ausgezeichnet wurde. Robert ist der Experimentierfreudige, dem es immer wieder gelingt, die tollsten Aromen aus Obst und Gemüse zu zaubern. Unter den über 130!! verschiedenen Edelbränden, Geisten und Likören zählen der Kriecherl-, Zwetschken-, Mirabellen-, Traubenkirschen-, Speckbirnen-, Williams-, Vogelbeer-, Rote Rübenbrand und der Kokos-Ananas-Sahne-Likör zu den Klassikern. Dass die Destillerie Hiebl auch einen vorzüglichen Rum, Whisky und Gin produziert, ist für eine kreative, hochdekorierte Brennerei wenig überraschend.

Wenn Sie zwischen Anfang Juli und Mitte August unterwegs sind, sollten Sie die Reise zur Destillerie Hiebl mit einem Besuch der Haager Sommerspiele verbinden. Sollte das nicht der Fall sein, gönnen Sie sich nach einer kurzen Verkostungspause weitere Raritäten und Spezialitäten aus dem Hause Hiebl. Als Unterkunft ist der Gasthof Mitter im Ortszentrum von Haag zu empfehlen.

Nach dem Frühstück reisen Sie zum nächsten Mostbaron nach Öhling. Zwischen 5 Uhr und 21 Uhr gibt es stündlich eine Zugverbindung vom Bahnhof Haag nach Öhling. Nach einer 20-minütigen Bahnfahrt erreichen Sie den Bahnhof Mauer-Öhling. Von hier gehen Sie circa zehn Minuten ins Ortszentrum zur Mostelleria von Doris & Josef V. Farthofer. Die Mostelleria ist Produktions- und Verkaufsstätte für 100 %-Bio-Spirituosen und -Liköre sowie den Birnendessertwein Mostello, eine Eigenkreation aus Birnenmost und einem Bio-Birnenbrand. Der Mostello reift ein Jahr in Holzfässern im Freien sowie mehrere Jahre im Keller. Die Mostelleria ist in einem alten, denkmalgeschützten Presshaus am Dorfplatz in Öhling untergebracht. Es wurde von den Farthofers 2010 behutsam restauriert. Schnell wurde es zu einem beliebten Ausflugsziel im Mostviertel, das auch mit dem NÖ Tourismus-Preis ausgezeichnet wurde. Beim Verkosten dürfen jedenfalls der weltmeisterliche O. Wodka, der O. Gin (O = organic) und natürlich der nach der Portweinmethode hergestellte Mostello nicht fehlen.

Wer Josef Farthofer kennt, weiß, dass er nicht müde wird, sich neuen Projekten zu widmen.

So hat er gemeinsam mit dem Berliner Rapper Sido und dessen Manager Burkhard Westerhoff mit dem KABUMM-Vodka und dem KABUMM-Gin ein außergewöhnliches Produkt in einer ebenso außergewöhnlichen (kugelrunden) Flasche kreiert.

Mit dem in Singapur ansässigen Barkeeper und Importeur Klaus Leopold entwickelte er den Leopold Organic Sloe Gin (Schlehen-Gin), der sich durch einen niedrigen Alkoholgehalt auszeichnet.

Von Mauer-Öhling erreichen Sie in knapp fünf Minuten den Bahnhof Amstetten. Am Weg zum Genussbauernhof Distelberger checken Sie in der Pension Leichtfried ein, um dann in aller Ruhe und mit leichtem Gepäck, nach einem 45-minütigen und vier Kilometer langen Fußmarsch eine Jause im stimmungsvollen Ambiente des Heurigenlokales zu genießen. Gleich nebenan lädt ein Verkaufslokal ein, Toni's kreative Produktneuheiten, etwa den Birnenbalsam-Essig, den Senfkaviar oder die Eisbirne kennenzulernen. Empfehlenswert sind auch ein Besuch des Bauernmuseums in unmittelbarer Nachbarschaft des Genussbauernhofes und eine Kellerführung mit dem Mostbaron. Das Bauernmuseum beherbergt eine große volkskundliche Privatsammlung. In bester Erinnerung und daher immer wieder zu empfehlen sind Toni's Birnen- und Apfeltresterbrände, eine kräftige Zwetschke im Eichenfass und ein vorzüglicher Birnenbalsam-Essig!

Zurück geht's wieder beschwingt ins Nachtquartier der Pension Leichtfried. Am nächsten Tag gehen Sie zu Fuß circa 30 Minuten zur Schaubrennerei der Familie Hauer nach Hauersdorf. Bei den Hauers sind Kreativität, Lebensfreude, Musik- und Kulturinteresse zu spüren. Das beginnt bei der kunstvollen und aufwendigen Sgraffiti-Fassadengestaltung des Vierkanters, setzt sich fort bei Hausmusik, Konzerten, Kabarettabenden und ist natürlich auch beim Heurigen unter fachkundiger, geselliger Begleitung des Mostsommelièrs und Mostbarons zu erleben.

All das, verbunden mit viel Fleiß, Freude und Begeisterung, lässt hervorragende Produkte gedeihen, allen voran das Leitprodukt der 1. Brennmeisterin Österreichs, Christl Hauer, den Kletzenbirnenbrand.

Vom Hauer wandern Sie drei Kilometer weiter nach Stift Ardagger, wo ein Besuch des Mostbirnhauses ebenso Pflicht ist wie ein Besuch im Landhaus Stift Ardagger. Das Mostbirnhaus ist ein beliebtes Ausflugsziel im Mostviertel. Es erzählt im Rahmen einer Ausstellung das Leben der Birne – von der Blüte bis zum Most – und lädt spielerisch zu einer multimedialen, kurzweiligen Reise in die Welt der Mostviertler Birnen ein. Das Mostbirnhaus ist auch ein Einkaufsparadies für alle, die Regionalität und hohe Produktqualität schätzen. Es gibt Speck, Marmelade, Chutney,

Dörrobst, direkt gepresste Säfte, Schokolade, Bauernkrapfen, spritziger Cider, Birnenschaumweine, erlesene Käsesorten, schmackhafte Öle, würziger Essig und Senf, handgemachte Teigwaren, Backmischungen und natürlich Edelbrände und Liköre der Mostbarone.

Sollten Sie Ihre Reise zu den Mostbaronen rund um Christi Himmelfahrt planen, dann besorgen Sie sich auch Karten für das zweitägige Zoa Festival in Stift Ardagger. Gleich neben dem Mostbirnhaus steht ein alter, sehr gut erhaltener Stadl, der für zwei Abende zur Konzertbühne für Weltmusik vom Feinsten wird. Zoa oder Zoa'l ist ein alter Begriff aus dem Mostviertel. Der/die/das Zoa/Zoa'l ist ein geflochtener Behälter zum Einsammeln von Obst.

Seit 2012 sorgt der Intendant Mag. Peter Hofmayer für eine gute Auswahl vielfältiger, virtuoser, genialer Musik verschiedener Stilrichtungen – von Renaissance- über Volks- bis zur Jazzmusik. Das Festival für Menschen mit feinem Geschmack hatte unter anderem das Faltenradio, Dobrek-Bistro, die Mollner Maultrommler, Die Strottern, die Mostviertler Birnbeitler, Catch-Pop String-Strong, Folksmilch, das Herbert Pixner Projekt, Breinschmid/Gansch, Federspiel, Zingaros, Alma, Holstuonarmusigbigbandclub, Sormeh, Insingizi, Naschmarkt, 5/8terl in Ehr'n, Čači Vorba, Kofelgschroa, Netnakisum, Ensemble Mikado, Aniada a Noar & Altrioh, BartolomeyBittmann, Barcelona Gipsy balKan Orchestra, Orges & the Ockus Rockus Band, De' Soda Sisters und Harald Haugaard mit Helene Blum zu Gast.

Lassen Sie den Tag im Landhaus Stift Ardagger ausklingen – ein wahres architektonisches Schmuckstück und ein Ort der Gemütlichkeit und des kulinarischen Hochgenusses. Und ob das nicht schon genug Gründe zum Verweilen sind! Sie können hier auch recht komfortabel und entspannt nächtigen.

Vom Landhaus Stift Ardagger haben Sie keine gute Möglichkeit, mit öffentlichen Bussen zum letzten Mostbaron dieser Tour nach Pittersberg, südlich von Amstetten zu kommen. Die Alternative zu einer eineinhalbstündigen Busreise frühestens zu Mittag ist ein circa zehn Kilometer langer Fußmarsch, für den Sie zwei Stunden einplanen sollten, den Sie aber jederzeit starten können. Die zwei Stunden lohnen sich allemal. Denn das Ergebnis dieser Mühen ist das Obst- und Mostparadies von Bernhard Datzberger. Gleich vorweg: Hier gibt's Mostobst vor allem in veredelter Form in Hülle und Fülle – jedenfalls in guten Jahren. Und eine Verkostung mit den Edelbränden zu beginnen ist keine gute Idee. Der Mostbaron Datzberger ist bekannt für seine ausgezeichnete Vielfalt an sortenreinen Mosten und für die sollten Sie sich auch Zeit nehmen. Etwa für den Speckbirnen-, Rotbichlbirnen-, Grünbichelbirnen-, Summered- oder Florina-Most. Dann gibt's noch die prickelnden Varianten Baroncider Apfel oder Birne, Frizzante und Gin Fritz. Und wenn Sie zwischendurch mit den acht Direktsäften einige Alkoholpausen einlegen, sollte dann noch Platz sein, die Most-, Hefe- und Trester-Edelbrandraritäten zu verkosten und mit Jürgen Datzbergers „next generation"-Gin, -Whisky und -Rum eine intensive Verkostung zu beenden. Den Abschluss dieser Mostbaron-Tour bildet ein Aufenthalt im Relax Resort Kothmühle – etwa fünf Kilometer vom Obstparadies Datzberger entfernt.

Auch die Hotelierfamilie Scheiblauer gehört zum erlesenen Kreis der Mostbarone und -baroninnen. Johannes Scheiblauer war als „Baron zur Kothmühle" 2017/2018 ein Jahr lang der Primus der Mostbarone und die Seniorchefin Marianne Scheiblauer ist eine vorzügliche Edelbrennerin, die das Erbe ihres Mannes fortführt. Eine Edelbrandverkostung ist hier jedenfalls – am selben Tag oder auch am nächsten Tag – je nach Kondition – zu empfehlen. Hier bietet sich ein Treffen mit Ing. Andreas Ennser an, der seit 1994 als Edelbrandverkoster der Destillata und verschiedener anderer Prämierungen tätig ist. Als Obstbaureferent der NÖ Landwirtschaftskammer betreut er die Obstverarbeiter von Zwettl bis Frankenfels und von Haag bis Kirchschlag in der Buckligen Welt. Er ist seit etwa 10 bzw. 13 Jahren Ausbildner der NÖ Edelbrand- und Mostsommelièrs. Er hat viel zu erzählen und kennt die Obstwelt weit über die Grenzen des Mostviertels und Österreichs hinaus. Seine Vorliebe als Edelbrandliebhaber gilt den Klassikern Zwetschke, Kirsche, Birne und – als überzeugter Mostviertler – den Hefe-, Most- und Mostobstbränden.

Nach einer neun Kilometer langen Morgenwanderung nach Amstetten reisen Sie wieder bequem auf der Westbahnstrecke zurück nach Wien.

## *Verkoster-Notizen »Bei den Mostbaronen«*

**Mirabelle Edelbrand 2010, 40,5 %vol**
Destillerie Hiebl, 3350 Haag
www.die-schnapsidee.at
Tel.: 07434-42114

sehr feine, dezente, frische Frucht in der Nase; dezenter Fruchtcharakter setzt sich am Gaumen fort; sehr harmonisch und animierend; TOP

### Vogelbeere Edelbrand 2015, 41 %vol
Destillerie Hiebl

volles, vielschichtiges Aroma, typische, kräftige, gehaltvolle Frucht; edle Zartbitter-Note mit langem Abgang; TOP

### Williamsbirne Edelbrand 2015, 40 %vol
Destillerie Hiebl

intensiv, aromatisch, vielschichtig in der Nase; auch am Gaumen volle frische Frucht; elegant und stimmig, mit schönem Nachklang; TOP

### Prima Pira, Birnenedelbrand im Birnenholzfass gelagert, 40 %vol
Destillerie Hiebl

deutliche Birnenaromen mit zartem Holz-Ton in der Nase; am Gaumen kräftige, vollmundige Mostbirne mit herber und leicht süßlicher Holzbegleitung; schöne Länge

### Edelbrand Alte Zwetschke, 40 %vol
Destillerie und Mostelleria Farthofer, 3362 Öhling
www.destillerie-farthofer.at
Tel.: 07475-53674

fruchttypisch in der Nase; weich, fruchtig am Gaumen mit schön eingebundenen Holz-Vanillenoten; sehr schöne Länge

### Apfelgrappa, Apfeltresterbrand, 40 %vol
Genussbauernhof Distelberger, 3300 Amstetten
www.distelberger.at
Tel.: 07479-7334

frische, grüne Apfelnote in der Nase; auch am Gaumen feines, würziges Fruchtspiel, schöne Länge

### Kletzenbirnen-Edelbrand fassgelagert, Zigarrenbrand, 49 %vol

Schaubrennerei und Heuriger Hauer, 3300 Stift-Ardagger
www.hauerbrand.at
Tel: 07472-65424

rauchige Birnenaromen mit feinem Holzton; sehr kraftvolle Mostbirne mit zarten Vanille-Karamelltönen am Gaumen; sehr druckvoll im Abgang

### Obstler Edelbrand 95, 100 % Destillat, 42 %vol

Scheiblauer Marianne, 3364 Neuhofen an der Ybbs
www.kothmuehle.at
Tel: 07475-52112-777

sehr reifes Obst in der Nase; auch am Gaumen gereifte Äpfel und Birnen; erinnert an Mostpudding; schöne Länge

### Apfelmostbrand, 39,7 %vol

Datzberger „Seppelbauer", 3300 Amstetten
www.seppelbauer.at
Tel.: 07472-64 660

sehr feiner, frischer Mostcharakter, Hefe; auch am Gaumen typisch mostig, fruchtig, animierend und harmonisch; Nachhall ohne Ende; TOP

### Birnenmosthefebrand, 43 %vol

Datzberger „Seppelbauer"

sehr fruchttypische Hefetöne; deutlicher (Birnen-)Mostcharakter; auch am Gaumen feiner Most, Hefe; animierend und harmonisch; langer Nachhall; TOP

### Mostviertler Gin „Prime of Live", 27 Essenzen, 41 %vol

Datzberger „Seppelbauer"

sehr frische Wacholdernoten mit Orangentönen; am Gaumen vollmundig, dicht, pfeffrig; schöne Länge

# BRENNPUNKTE IN OBER-ÖSTERREICH

**7 TAGE**

Wien – Linz – Ried/Traunkreis – Schwanenstadt – Bad Schallerbach – Wallern – Axberg – Traun – St. Florian – Linz – Luftenberg – Katsdorf – Tragwein – Gutau – Alberndorf – Linz – Uttendorf – Linz – Wien
(755 Bahn-/Buskilometer, 27 Kilometer zu Fuß)

13. ROUTE

In Oberösterreich sind die Edelbrenner – abgesehen von den Mühlviertler Destillerien – rund um Linz angesiedelt. In einem Umkreis von knapp 60 km rund um die Landeshauptstadt liegen sieben meisterliche Brennereibetriebe, die sich im Jahr 1994

Apfelblüte

auf Initiative von Maximilian Schosser in der ARGE OÖ Qualitätsbrenner organisiert und im Jahr 2000 das OÖ Edelbrandforum gegründet haben.

Sechs davon, Hochmair, Schosser, Reisetbauer, Parzmair/Ratzinger, Wöhrer und Wurm liegen auch auf Ihrer oberösterreichischen Schnapsroute. Tausend Medaillen innerhalb von zwölf Jahren, acht Mal À-la-carte-Meisterbrenner, sieben Mal Destillata Edelbrenner des Jahres, Gesamtsieger der Falstaff Spirits Trophy, Distillery of the Year, „First-Class-Distillery" sind eine unvergleichliche Erfolgsbilanz dieser Gemeinschaft.

Oberösterreichs Edelbrenner gehören mit ihren hochprozentigen Trinkgenüssen unbestritten zur Weltspitze. Sie haben Kunden von Amerika bis China, exportieren oberösterreichischen Kirschbrand in die Schweiz und oberösterreichischen Whisky nach Japan. Der Hauptmarkt bleibt aber Österreich mit einem Anteil von 75 % am Gesamtabsatz. Insgesamt werden 150 000 Flaschen edlen Brandes produziert und vermarktet. Die gemeinsamen Veranstaltungen und Präsentationen der sieben Mitglieder des OÖ Edelbrandforums gelten als absoluter Insidertipp und wahre Fundgrube für hochprozentige Raritäten (Brennpunkt 2010 – Edelbrandverkostung im Casino Linz, Ausser Rand und B(r)and 2004 – Präsentation im Schloss Traun).

## *Tipp*

Eine gute Zeit, die Mitgliedsbetriebe des OÖ Edelbrandforums zu besuchen, ist der Oktober. Ein Mal im Jahr, nämlich Mitte Oktober, präsentiert diese lose Vereinigung sieben exzellenter Schnapsbrenner ihre Produkte im Casino in Linz.

Die Grundlage für eine vielfältige Obstverarbeitung bilden auch in Oberösterreich die Genussregionen. Zum einen liefert die Genussregion „Buchkirchner – Schartner Edelobst" etwa ein Drittel aller oberösterreichischen Tafeläpfel. Zum anderen bietet die Genussregion „Linz Land Apfel-, Birnensaft" ein reichhaltiges Angebot regionaltypischer Obstraritäten.

Bevor Sie sich auf die oberösterreichische „Schnopsroas" begeben, noch ein musikalischer Tipp. Seit über 25 Jahren unterhält das Mundharmonika Quartett Austria mit ihren kleinen und großen Instrumenten das Publikum mit humorvoll vorgetragener Musik. Die Bandbreite reicht von Hits aus der Popmusik, Western- und Filmmusik, klangvoller Volksmusik bis zu klassischen Tönen. Halten Sie Augen und Ohren offen, um bei ihrer Reise durch Oberösterreich eine kurzweilige Show der vier virtuosen Ausnahmekünstler zu erleben. Ihre 2013 erschienene CD „Edelbrand" ist ein passender musikalischer Reisebegleiter für ihre weiteren Schnapsrouten.

Die Anreise von Wien nach Linz geht auf der Westbahnstrecke sehr zügig voran. Von Linz fahren Sie mit dem Regionalzug nach Wels, steigen hier um in den Regionalzug Richtung Grünau im Almtal bis Sattledt und fahren sechs Haltestellen mit dem Bus bis Ried im Traunkreis, wo Sie nach einer dreiviertel Stunde die neue Destillerie von Martin Schosser erreichen. Gestartet hat die Familie Schosser in Haiding, nahe Buchkirchen, wo sie seit 1632 das „Wöristergut" bewirtschaftet hat. 1985 haben die Schossers mit der Kultivierung von Heidelbeeren begonnen, die für viele Jahre prägend für den Betrieb war. Der im Jahr 1998 verstorbene Ing. Maximilian Schosser war einer der Pioniere der österreichischen Edelbrandszene und hat das OÖ Edelbrandforum als Zusammenschluss von Spitzenbrennern gegründet. Seine Frau

Barbara (Verkauf) und sein Sohn Martin (Produktion) haben nach seinem Tod den Betrieb weitergeführt. Ing. Martin Schosser setzt das, was sein Vater vor über 20 Jahren begonnen hat, mit einer beeindruckenden Konsequenz an einem neuen Standort in Ried im Traunkreis fort und macht das, was er gut kann: die Herstellung von Obstbränden auf Weltklasseniveau. Gepunktet hat die Destillerie Schosser immer wieder bei der Destillata, À la Carte, Falstaff und World-Spirits Award. Der im Kastanienfass gelagerte Apfelbrand, der Rote Williams Birnenbrand, der Dr. Guyot Birnenbrand, der Zwetschkenbrand, der Brombeer-, Erdbeer-, Holunder-, Quitten-, Kirsch-, Traubenkirsch-, Weichsel-, Schwarze Johannisbeerbrand und der Heidelbeerbrand sind es ebenso wert verkostet zu werden, wie etwa die Zwetschkenbrände mit unterschiedlicher Fasstypizität (Eiche, Kastanie, Akazie).

Von Ried im Traunkreis geht's wieder mit dem Bus zurück nach Wels, dann weiter mit der Bahn nach Schwanenstadt und zu Fuß etwa 15 Minuten zur Destillerie Parzmair in Staig. Das Humergut umfasst eine Landwirtschaft mit 20 Hektar genutzter Fläche. Das Schnapsbrennen hat Ferdinand Parzmair in Wolfram Ortners „Schnapshochschule" in Bad Kleinkirchheim gelernt, wo er 1992 erstmals teilnahm und bereits 1994 seine ersten Goldmedaillen auf der Destillata errang. 2011 wurde der Betrieb von der nächsten Generation von Karin und Franz Ratzinger-Parzmair übernommen. Mit viel Elan und ebenso großem Erfolg setzt Franz Ratzinger das fort, was sein Schwiegervater vor über 20 Jahren begonnen hat. Im Zuge der Vinaria Trophy 2014 wurde die Destillerie Parzmair-Ratzinger zur zweitbesten Brennerei gekürt. Über 40 Edelbrände umfasst derzeit das Sortiment. Der Gelbe Muskateller Trebernbrand, die alte Kirsche, Gelbe Williamsbirne, Schwarze Johannisbeere und der „My Gin" sollten als höchstprämierte Produkte unbedingt verkostet werden. Die Nächtigung ist im Gasthof Gruber zu empfehlen, der gerade einmal 15 Gehminuten vom Humergut entfernt ist.

Von Schwanenstadt fahren Sie am nächsten Tag zuerst mit der Bahn nach Wels und weiter nach Bad Schallerbach, wo Sie im Eurothermenressort Bad Schallerbach Ihr Quartier beziehen und einen entspannenden Tag in der Wohlfühloase genießen.

Gleich in der Nähe des Eurothermenressorts liegt Wallern an der Trattnach. Eine 30-minütige Wanderung führt Sie zu Josef Hochmair. Der Malznerhof wird seit Generationen von der Familie Hochmair bewirtschaftet, vor 15 Jahren auf biologische Wirtschaftsweise umgestellt, 2012 von der nächsten Generation, Markus und Barbara, übernommen und seit 2018 um ein einzigartiges Kaffeehaus „das bio" erweitert.

Josef Hochmair ist ein unbestrittener Meister seines Faches. Als dreifacher Destillata-Gewinner in Serie (1998–2000) und À-la-carte-Meisterbrenner 2005 und 2006 und als „Destillerie

auf dem besten Weg zu Weltklasseniveau" ist er ein hoch dekorierter Edelbrenner. Wie kein anderer vereint er all jene Eigenschaften, die einen TOP-Edelbrenner auszeichnen. Er ist ruhig und gelassen, experimentierfreudig und neugierig, bodenständig und weltoffen, respektvoll, bescheiden und neidlos. Er ist ein Perfektionist und Genießer und er zählt zu jenen Menschen, die sich für andere Zeit nehmen und denen man gerne zuhört. Und er hat viel zu erzählen.

Sein Wissen und seine Erfahrungen gibt er auch gerne in Brennkursen weiter, für die Sie sich aber rechtzeitig anmelden sollten.

Hochmairs bis zu 50 verschiedene Sorten umfassendes Sortiment und die vielen exzellenten Jahrgangsbrände dokumentieren seine Erfolgsgeschichte sehr eindrucksvoll: von der Traubenkirsche bis zur Mandarine, vom Roten Williams bis zur Vogelbeere, vom Dinkel bis zum Apfel, von der Schwarzen Johannisbeere bis zum Kriecherl, von der Wildkirsche bis zur Mostbirne, von der Marille bis zur Zwetschke barrique, von der Kirsche bis zur Elsbeere, von der Karotte bis zur Quitte, vom Weinbrand barrique bis zum Single Malt, vom Ingwerbrand bis zum Rum. Seine Edelbrände zeichnen sich stets durch einen typischen Fruchtcharakter, durch Eigenständigkeit und immer wieder durch hohe Qualität aus. Auch am Markt agiert Josef Hochmair ruhig und gelassen und es scheint so, als ob er ohne großartige Marketingaktivitäten auskommt. Die Flaschen und Etiketten sind ebenso wie der Internetauftritt schlicht, wobei Sohn Markus der virtuellen Visitenkarte des Malznerhofes einen neuen Schliff gegeben hat, bereichert um einen Online Shop und um einige Fotos, die unverkennbar auch die Leidenschaft des Sohnes als Fotograf widerspiegeln.

Ein selbst gemachter Apfelsaft mit Holunderblüten und verschiedenen Kräutern, eine kräftigende Bauernjause mit selbst gebackenem Brot von Markus begleiten eine Verkostung quer durch das Sortiment und die Jahrgänge 1994 bis 2011(!). Schwerpunkt der Jahrgangsvergleiche sind Williams 1995, 2000, 2002, 2007 und 2011, Wildkirsche 1994, 1995 und 2005, Traubenkirsche 1995, 1998, 2003, 2009 und 2011, Vogelbeere 1995, 2002 und 2006 und Himbeere 1995, 2004, 2009. Dazu gibt's noch Quitte, schwarze Johannisbeere, Muskattraube und Rum-Fass-Proben. Eine derartige Bandbreite an Jahrgangsbränden werden Sie vermutlich bei keinem anderen Edelbrenner kennenlernen und der Besuch am Malznerhof zählt zu einem der Höhepunkte der „Schnopsroas" durch Österreich.

» VIDEO
*Reisetbauer*

Sie fahren nach einem reichhaltigen Frühstück im Eurothermenressort von Bad Schallerbach mit der Bahn etwa 30 Minuten weiter über Wels nach Oftering. Von dort marschieren Sie gemütliche fünf Kilometer nach Axberg zur Reisetbauer Qualitätsbrand GmbH. Hans Reisetbauer ist Obstbauer, Landwirt, Schnaps- und Meisterbrenner, Reisender, Top-Vermarkter, Autor, Sieger, Erfinder, Feinschmecker – und all das meist gleichzeitig. Das Kirchdorfergut der Familie Reisetbauer befindet sich im Hausruckviertel. Auf 18 Hektar in unmittelbarer Umgebung des Vierkanthofs werden Früchte für die Schnapsbrennerei kultiviert – von Williamsbirnen über Marillen bis zum Mostobst und den Vogelbeeren.

Er wurde vom österreichischen Gourmetführer À-la-carte gleich sechs Mal zum Meisterbrenner des Jahres gekürt. 2006 wurde ihm die „Trophée Gourmet À la carte" in der Kategorie „Gourmandisen" verliehen. Das Falstaff-Magazin hat ihn vier Mal zum besten Brenner Österreichs gewählt und obendrein wurde er vom Vinaria-Magazin zur „Brennerei des Jahres" gekürt. 2012 hat Hans Reisetbauer nach zehnmonatiger Bauzeit das neue Firmengebäude mit der Brennerei und dem Büro eröffnet. Dass seine Brände zur internationalen Elite zählen, hat er schon mehrmals bewiesen und trotzdem freut es ihn, wenn sein Williamsbrand im berühmten Nobelkaufhaus Harrods in London zu „Spirits of the Month" erklärt wird. Heute werden die Edelbrände von Hans Reisetbauer in über 16 Länder exportiert, allen voran nach Deutschland, Großbritannien, Russland, in die Schweiz, Mexiko, in die Niederlande und in die USA. Neben Äpfeln, Williams oder Zwetschken werden auch Himbeeren, Johannisbeeren, Quitten, Vogelbeeren, Schlehdorn, Weichseln, Wildkirschen und noch einige Früchte mehr zu Destillaten verarbeitet. Besonderheiten von Reisetbauer sind die Edelbrände aus Karotte, Ingwer und der Elsbeere. Zum Sortiment von Reisetbauer gehören außerdem drei verschiedene Single Malt Whiskys, ein Gin, Apfel- und Birnensäfte, der Apfelschaumwein Reisetbauer brut Méthode traditionelle und der Smaragdbrand Grüner Veltliner Weinbrand. Mit dem Axberg Vodka hat sich ein weiteres Produkt dazugesellt, das in der Kategorie „beste Glasverpackung" mit dem renomierten Designpreis „UK-Packaging-Award" ausgezeichnet wurde.

Als Genussmensch und Feinschmecker hat er gemeinsam mit Alois Gölles „Das Buch vom Edelbrand" herausgegeben.

Sie gehen wieder zurück zum Bahnhof nach Oftering, fahren um die Mittagszeit nach Hörsching und weiter nach Traun zum „Garagenbrenner" Manfred Wöhrer. Ing. Manfred Wöhrer ist Obmann des Oberösterreichischen Edelbrandforums. Als Bau- und Brennmeister verfügt er über die seltene Kombination zweier Begabungen, die nicht viel miteinander zu tun haben – außer dass beide Tätigkeiten Präzision und Geduld erfordern. Und die hat er in den letzten vier Jahrzehnten als Hobbybrenner in besonderem Maße bewiesen. Manfred Wöhrer wurde damit als Österreichs bekanntester Garagenbrenner zum Markenzeichen. Während er die Profession als Baumeister 2010 an die nächste Generation weitergegeben hat, übt er die andere mit ungebrochener Leidenschaft weiterhin aus. Die Garage hat sich mittlerweile zu einer modernen Destillerie und einem passablen Verkoster-Raum gemausert. Dies ist wohl seinen vielen Erfolgen zu verdanken, denen viele ausgezeichnete Produkte zu Grunde liegen. Das begann bereits 1992 bei der ersten Destillata in Bad Kleinkirchheim und reicht bis zur Distillery of the Year 2013. Dabei ist er nicht nur seinem Grundsatz treu geblieben, aus „landestypischen Fruchtsorten und geringen Produktionsmengen Qualität auf internationalem Niveau" zu erzeugen, sondern war und ist auch treuer Gast von Wolfram Ortners Edelbrandmeisterschaften „Destillata" in den Anfangsjahren und „World-Spirits Award" aktuell. Mit feiner, fruchtiger und typischer Stilistik überzeugen Gravensteiner, Williams, Kirsche, Zwetschke, Schwarze Johannisbeere und Marille.

In Traun beziehen Sie Ihr Quartier im Innviertlerhof. Von Traun geht's am nächsten Tag zu einem weiteren Mitglied des oberösterreichischen Edelbrandforums, dem Gustergut der Familie Wurm in der Nähe von St. Florian. Im direkten Weg über Ansfelden wären es gerade einmal 15 km. Unter Zuhilfenahme öffentlicher Verkehrsmittel ist der Weg etwas umständlicher, führt über Hörsching und Linz über 40 km nach St. Florian.

Für diesen Umweg sind eine Stunde bis eineinhalb Stunden einzuplanen – je nach Anschlussverbindung. Bevor Sie das letzte Stück zu Fuß wandern, genießen Sie den Blick auf das imposante Gebäudeensemble des Stiftes St. Florian. Hier treffen Sie erneut auf den Barockbaumeister Jakob Prandtauer.

Das Gustergut der Familie Wurm ist ein leidenschaftlicher Direktvermarktungsbetrieb und seit Generationen im Obstbau und der Mostproduktion tätig. Die Produktpalette rund um das Obst umfasst verschiedene Apfel- und Birnensäfte (klar, naturtrüb, sortenrein), Moste, Schaumwein nach der Champagnermethode und natürlich eine Vielzahl an Apfel-, Birnen- und anderen Obstbränden.

Irene Wurm, die seit Februar 2012 die Geschicke des Unternehmens lenkt, war in der Werbebranche tätig und ist über Berlin, Wien, Hamburg und Zürich nach St. Florian zurückgekehrt. Somit ist es wenig überraschend, dass der Werbeauftritt des Gustergutes und die Produktpräsentation sehr professionell aufgestellt sind. Zudem ist sie auch für völlig neue Produktkreationen zuständig, wie etwa den Senf. Unter dem Motto „Wer sich die Muße nimmt, Erlesenes zu trinken, nimmt sich auch die Zeit, Erlesenes zu finden" werden Edelbrände vom Topaz, der Kletzenbirne, Williams, Zwetschke, Obsthefe, Muskat-Traube, Muskat-Trester, Dirndl, Asperl und Vogelbeere verkostet. Und sie alle sind höchst erlesen.

Von St. Florian fahren Sie wieder zurück nach Linz und beziehen Ihr Quartier in der Altstadt im zentral gelegenen Göttfried. Beim Göttfried werden Essen, Trinken und Schlafen unter einem (historischen) Dach angeboten.

Am nächsten Tag starten Sie Ihre „Schnopsroas" ins Mühlviertel. Der erste Stopp ist bereits 15 Kilometer östlich von Linz in

Luftenberg beim Bio-Obstbaubetrieb Peterseil und der ersten von drei Essigmacherinnen. Die Familie Peterseil hat sich dem Obstbau, der Most-, Saft-, Edelbrand- und Essigproduktion verschrieben. Das kleine, aber feine Edelbrandsortiment umfasst einen klaren und einen fassgelagerten Apfelbrand sowie einen Tresterbrand aus den Muscat Bleu Trauben. Gemeinsam mit Eva Eder (Schaumosterei Pankrazhofer) und Birgit Stutz (Brennerei Dambachler) hat sich Barbara Peterseil der „alten Kunst der handwerklichen Essigherstellung" verschrieben. Die Betriebe Peterseil und Pankrazhofer vergären das Obst zu Most, beim Dambachler wird der Most zu Essig umgewandelt. Die weitere Veredelung erfolgt anschließend wieder in den Mostbetrieben. Die fruchtige Essigpalette umfasst einen naturtrüben Mostessig, einen im Eichenfass gereiften Apfelessig, einen Apfelessig mit Blütenhonig und einen Birnenbalsam Essig.

Weitere zehn Kilometer geht's hinauf zum Deisingerhof. Tanja und Josef Deisinger bewirtschaften dieses Anwesen in der Nähe von Katsdorf. Das Obst wird vorwiegend für die Most- und Saftproduktion verarbeitet, kommt von 2 Hektar Streuobstwiesen rund um den Hof, von Bauern aus dem Ort und von Streuobstwiesen aus der Region. Jährlich werden bis zu 33 Tonnen Obst verarbeitet. Daraus werden circa 11 000 Liter Most, 4 000 Liter Säfte und 300 Liter Edelbrand erzeugt. Saft und Most werden in einem Partnerbetrieb gepresst. Die Edelbrände werden in der selbst konzipierten Schaubrennerei destilliert.

Vom Deisingerhof fahren Sie Richtung Westen nach Lugendorf bei Tragwein zur Schaumosterei Pankrazhofer und zur zweiten Bio-Essigmacherin. Der traditionsreiche Biobetrieb von Eva und Norbert Eder produziert im Haupterwerb sortenreine Moste, Säfte, Schaumweine, Edelbrände und Liköre. Rote Williams,

Kronprinz Rudolf, Mostbirne, Speckbirne und ein Mühlviertler Grappa aus Apfeltrester sind neben allen anderen Obstprodukten im ganzjährig geöffneten Hofladen erhältlich.

Weiter geht's nach Norden zur Brennerei Dambachler nach Neustadt bei Gutau und zur dritten Bio-Essigmacherin Birgit Stutz.

Brennmeister der Brennerei Dambachler ist Florian Prückl, der sein Hauptaugenmerk auf die Produktion von Obstbränden legt. Neben den Edelbränden werden noch zahlreiche Fruchtliköre, Bio-Gin und Bio-Whisky produziert.

Hier können Sie sich ausreichend Zeit nehmen, die Produktpalette der Bio-Essigmacherinnen zu verkosten.

Da es weit und breit keine bzw. wenig Nächtigungsmöglichkeiten gibt, schlagen Sie hier in Gutau beim Kirchawirt, etwa vier Kilometer von der Destillerie Dambachler entfernt, Ihre Zelte auf.

Für die letzten beiden Ziele im Mühlviertel ist ein Umweg über Pregarten bzw. über Linz in Kauf zu nehmen. Zuerst fahren Sie von Gutau bis Pregarten mit dem Bus, der drei Mal täglich die Schichtarbeiter vom Mühlviertel nach Linz und wieder zurückbringt. In Pregarten geht's mit dem Bus weiter nach Gallneukirchen und nach dem zweiten Umsteigen fahren Sie bis zur Whisky-Destillerie und Cafe Lounge von Peter Affenzeller in Oberweitersdorf/Alberndorf. Er hat sich mit großem Erfolg der Produktion von Whisky verschrieben und lebt seit Oktober 2013 auch davon. Affenzellers „Fine Austrian Whiskys" sind als Blend Whisky (Weizen-, Roggenmalz), Single Malt Whisky, Grain Whisky (ungemälzter Roggen), White Whisky (Single Malt ohne Fasslagerung) und Whisky Liqueur erhältlich. Ein Vodka, ein Gin und ein Sloe Gin, die das Markenzeichen des

„White Swan" bzw. des „Pink Swan" tragen, Whiskyschokolade und Marmeladen runden das Angebot der ersten $CO_2$-neutralen Whiskydestillerie ab. Sie können den neu gestalteten Produktionsbetrieb und Verkaufsraum besichtigen, sich über die Whiskyproduktion informieren und in der Cafe Lounge oder auf der Sonnenterrasse Vodka, Gin und Whiskys verkosten sowie lokale Produkte und Mehlspeisen genießen. Und wenn Sie an einem „eleganten, intensiv aromatischen, torfig-würzigen, fein malzigen, ausgereiften, kraftvollen Whisky interessiert sind, sollten Sie auch den Single Malt aus 2011 oder andere hochprämierte Whiskys aus der Destillerie Affenzeller probieren.

Weiter geht's zum letzten Brenner im Mühlviertel und ins Zentrum des Hopfenanbaus in Österreich nach Uttendorf bei Niederwaldkirchen. Diesmal kommen wir wieder zurück nach Linz und mit dem späten Schichtarbeiterbus nach Uttendorf, wo Sie Ihr Quartier im Görlitzerhof beziehen. Da Sie erst nach 22 Uhr Ihre Unterkunft erreichen, ist jedenfalls zu empfehlen, die späte Ankunft anzukündigen.

Nach dem Frühstück besuchen Sie Ihr letztes Ziel in Oberösterreich, die Korn- und Obstbrennerei Hauder von Albert Gruber. Am Hauderhof werden traditionelle Mühlviertler Edelbrandspezialitäten aus Getreide und hofeigenem Obst hergestellt. Viel Sorgfalt bei der Rohstoffauswahl und dem Brennverfahren sind Voraussetzung für hochwertige Produkte. Die

» VIDEO
*Brennerei Hauder*

Edelbrand-Sommelièrs Marianne und Albert Gruber begleiten Sie durch die Brennerei und führen Sie in die Geheimnisse der Erzeugung und die richtige Trinkkultur der verschiedenen Destillate und Liköre ein. Und es macht Spaß, die kreativen Produkte vom Hauder zu verkosten und sich über Produktnamen wie Broamat Lus Whisky, Millquarter Gin, Nowodka, Nalivka, Xund, Kranewitter, Stoa-Rumpla oder Stubenhocker zu unterhalten.

Rund um die Gemeinde Niederwaldkirchen werden circa 140 Hektar Hopfen kultiviert. Das größte Hopfenanbaugebiet der Welt liegt übrigens im bayrischen Hallertau (circa 6000 ha). Die Region rund um Schlägl war von 2005 bis 2015 Genussregion „Mühlviertler Hopfen" (musste allerdings aufgrund einer zu geringen Produktvielfalt dieses Genussprojekt wieder beenden). Es gibt ein Hopfenmuseum in St. Ulrich und eine Hopfenerlebniswelt. Erntezeit des Hopfens ist Anfang/Mitte August. Im Hause Gruber werden drei Hopfensorten, (Hardegger) Magnum, Perle und Spalla Selekt verarbeitet. Ersterer ist ein Bitter- die beiden anderen sind Volumen- bzw. Aromahopfen.

Gegen Mittag fahren Sie wieder mit dem Schichtarbeiterbus zurück nach Linz. Bevor Sie die Heimreise antreten, lernen Sie die Stadt Linz kennen. Die einst ausschließlich mit dem Charme einer Industriestadt behaftete Landesmetropole hat sich – spätestens seit dem Kulturhauptstadtjahr 2009 zu einer Kulturstadt und einem kulinarischen Hotspot entwickelt. Jedenfalls sehenswert: das 2013 eröffnete Musiktheater am Volksgarten, der Linzer Höhenrausch mit einem einzigartigen Blick über die Dächer der Stadt, das Schlossmuseum mit dem neuen Südtrakt, das Kunstmuseum Lentos, das Ars Electronica Center in Urfahr, die Kulturmeile an der Donau, das Brucknerhaus und der Pöstlingberg mit seinem Schlössl.

## Verkoster-Notizen
## »Brennpunkte in Oberösterreich«

### Mei Dschin, 43 %vol

Parzmair-Ratzinger, 4690 Schwanenstadt
www.parzmair.at
Tel.: 07673-2676

frischer Wacholder, blumig, frisch; auch am Gaumen sehr dicht, blumig und würzig, erfrischend

### 100 % Fruchtdestillat Zwetschke aus dem Kastanienfass, 40 %vol

Schosser, 4551 Ried im Traunkreis
www.schosser.com
Mobil: 0664-2022860

typisch Zwetschke in der Nase, leicht pfeffrig, fest und fleischig; auch am Gaumen reife, typische Frucht, sehr fein eingebundener Fasston; sehr harmonisch; schöne Länge; TOP

### Rote Williams, Qualitätsbrand, 2016, 41 %vol

Hochmair „Malznerhof", 4702 Wallern
www.malznerhof.at
Mobil: 0664-1328889

sehr fruchtige, zitronige, frische Aromen in der Nase; unglaublich dicht, erfrischende, perfekte Frucht am Gaumen; sehr harmonisch mit schönem Nachhall; animierend; TOP

### Alter Weinbrand, 10 Jahre fassgelagert, 42 %vol

Hochmair „Malznerhof"

viel Typizität in der Nase, schönes Frucht-Holzspiel; am Gaumen sehr druckvoll, viel Holz, etwas bitter, altersgerechte, schöne Länge

### Williams, 100 % reines Fruchtdestillat, 41,5 %vol

Reisetbauer, 4062 Kirchberg-Thening
www.reisetbauer.at
Tel.: 07221-63690

feine, fruchtige Nase, konzentriert, klar; am Gaumen feine, elegante Frucht, sehr harmonisch: langer Nachhall

### Kirsche, 2014, 100 % Fruchtbrand, 42 %vol

Wöhrer Garagenbrenner, 4050 Traun
www.woehrer.at
Mobil: 0664-2430550

sehr reife, fleischige Frucht in der Nase; am Gaumen wieder sehr feine, schokoladige Fruchtaromen; überaus harmonisch mit unglaublicher Länge; TOP

### Marille, 2015, 100 % Fruchtbrand, 42 %vol

Wöhrer Garagenbrenner

zarte, reife Frucht in der Nase; tolle Fruchtaromen am Gaumen, frische Marille, zart, herb, fruchtig; perfekte Harmonie mit unendlichem Nachhall; TOP

### Edelbrand Quitte, 2005, 53 %vol

Wurm & Wurm, 4490 St. Florian
www.wwurm.at
Tel.: 07224-4387

schön ausbalancierte, feine, makellose Frucht in der Nase; weich, gereift, fruchtig am Gaumen; perfekte Harmonie; langer Nachhall; TOP

### Apfelbrand im Eichenfass gelagert, 40 %vol

Bioobstbau Peterseil, 4225 Luftenberg
www.bioapfel.com
Mobil: 0676-821252051

zartes, gut ausbalanciertes Aromaspiel feiner Holz-Töne mit fruchtigem Apfel; am Gaumen wieder schönes Aromaspiel mit zarter Vanille; animierend mit Potenzial

### Hefebrand Birne, 40,5 %vol

Deisingerhof, 4223 Katsdorf
www.deisinger-hof.at
Tel.: 07235-88709

ausgeprägte, feine Hefe-Birnenaromatik in der Nase; am Gaumen schöne Mostkomponenten, ausgewogene, einwandfreie Stilistik; animierend; TOP

### Speckbirne, Bio Birnenbrand reinsortig; 40 %vol

Pankrazhofer, Eva und Norbert Eder, 4284 Tragwein
www.pankrazhofer.at
Tel.: 07263-88295

sehr feine, reife Frucht in der Nase; am Gaumen frische Mostbirnenaromen; ausgewogener, jugendlicher Charakter mit schöner Länge und Potenzial

### Mühlviertler Long Dry Gin, 42,7 %vol

Dambachler, 4293 Gutau
www.dambachler.at
Mobil: 0664-3330506

frischer Wacholder und Orange in der Nase; überrascht am Gaumen mit blumigen, feinen, vielschichtigen Aromen, leicht pfeffrig; insgesamt sehr erfrischend und harmonisch mit schöner Länge; TOP

### Single Malt Whisky, Fine Austrian Whisky, 42 %vol

Peter Affenzeller, 4211 Alberndorf
www.peter-affenzeller.at
Tel.: 07235-70444

kräftiges, intensives Getreide in der Nase mit feiner Vanille; am Gaumen etwas dezenter in der Frucht, blumig, wunderschöner Fasscharakter, Röstaromen, Vanille; schöne Länge

### Hopfen-Korn Spirituose, 41,2 %vol

Brennerei Hauder/Gruber, 4174 Niederwaldkirchen
www.hauderkorn.at
Mobil: 0664-5882428

viel Hopfen in der Nase, bierig; am Gaumen etwas flacher, dezente Getreide-und Hopfenaromen; schöne Länge

# Kleines Schnapslexikon

## Barspirits

Die internationalen Spirituosenkategorien Gin, Whisky, Rum und Vodka sind klassische Barspirits. Seit Jahren haben sich auch österreichische Destillerien der Produktion dieser Spirituosen angenommen. Erhard Ruthner hat sich die Mühe gemacht, unter www.austro-spirits.at die österreichischen Destillerien dieser boomenden Spirituosenszene aufzulisten – und täglich werden es mehr.

## Basis – Woraus wird Schnaps gebrannt?

Die Basis der Edelbrände bilden

- » **Obst** – Obst- oder Fruchtbrände, Barack Palinka/Ungarn, Calvados/Apfelbrand aus Frankreich, Sliwowitz/Pflaumenbrand aus Bosnien, Tzuika/Pflaumenbrand aus Rumänien, Waragi/Bananenbrand aus Uganda, Boukha/Feigenschnaps aus Tunesien
- » **Kartoffeln, Getreide, Reis und Gemüse** – Aqua Vit, Korn, Whisk(e)y, Vodka, Arrak/Reisbrand aus Indien, Moutai/Reis-Weizenschnaps aus China, Mezcal oder Tequila/Agavenspirituose aus Mexiko, Pulque/Agavenspirituose aus Südamerika
- » **Trester, Wein und Weintrauben** – Grappa, Armagnac, Brandy, Cognac, Eau de vie de marc, Lagout sistr, Metaxa, Pisco/Peru
- » **Wurzeln, Kräuter und Gewürze** – Enzian, Meisterwurz, Gin/Wacholder, Ouzo/Anisschnaps aus Griechenland, Raki/Anisschnaps aus der Türkei
- » **Zuckerrohr** – Rum, Cachaca/Zuckerrohrbrand aus Brasilien
- » **weiße Rübe** – Krautinger

- **Palme** – Toddy aus Indien
- **Bier** – Bier- und Bockbierbrände
- **Hefe** – Geläger-, Glöger- oder Hefebrände

## Brennrecht – Wer darf Schnaps brennen?

Die Alkoholherstellung unterliegt dem staatlichen Branntweinmonopol. Die Herstellung von Schnaps ist daher an spezielle Brennrechte gebunden:

- Die **Alkoholherstellung unter Abfindung** oder **Abfindungsbrennen** ist die einfachste Form der Berechtigung zur Alkoholerzeugung. Dabei wird die Alkoholsteuer pauschal nach durchschnittlichen Ausbeutesätzen berechnet. Es darf nur Obst aus eigener Erzeugung verarbeitet und der Edelbrand nur an den Letztverbraucher verkauft werden; die Bezeichnung leitet sich davon ab, dass sich der Staat mit Pauschalsätzen abfindet.
- Eine sehr häufige Form und üblich bei gewerblichen Destillerien ist das **Verschlussbrennrecht**. Hier wird die tatsächliche Alkoholmenge durch ein geeichtes Zählwerk gemessen und versteuert.
- Ein in Österreich häufig anzutreffendes Brennrecht haben **Verschlussbrennereien mit eingeschränkter Anlagensicherung**, bei der ein Brändezähler verwendet wird, der die erzeugte Alkoholmenge misst.
- Und es gibt noch eine weitere Besonderheit in Österreich: Das älteste Brennrecht ist das **Maria Theresianische Brennrecht**. Es besagt, dass unter Abfindung Brände hergestellt werden dürfen, wobei die erlaubte Höchstmenge 400 l Alkohol beträgt und der Zukauf von Obst – im Gegensatz zum Abfindungsbrennrecht – gestattet ist. Dieses Brennrecht ist an den Hof gebunden und kann nur mit diesem weitergegeben werden.

## Destillate

Destillate sind alkoholische Flüssigkeiten, die durch Destillation nach alkoholischer Gärung hergestellt werden.

## Destillation – Wie wird Schnaps gemacht?

» Reife, saubere, aromatische Früchte werden geerntet, möglichst rasch gereinigt, zerkleinert und eingemaischt. Verwendet wird nur Obst, das man auch isst. Stengeln, Rispen, Dolden und Steine werden entfernt.
» Im Maischefass erfolgt die kontrollierte, langsame Vergärung durch Aufsetzen eines Gärspundes und Zugabe von Hefe und Enzymen bei 14–18 Grad Celsius. Dabei wird Zucker zu Ethanol (Trinkalkohol) umgewandelt.
» Nach 4–6-wöchiger Vergärung wird destilliert. Der ideale Brennzeitpunkt richtet sich nach dem Restzuckergehalt der Maische.
» Das traditionelle Destillationsverfahren ist das **Doppelbrandverfahren**. Zuerst wird aus der Maische der Raubrand (auch Rohbrand oder Lutter genannt) mit einem durchschnittlichen Alkoholgehalt von etwa 25 bis 35 %vol destilliert. Der Raubrand enthält Alkohole, Aromen und Fuselöl und wird möglichst langsam in einem zweiten Brennverfahren, dem Feinbrand destilliert und in Vor-, Mittel- und Nachlauf (Fraktionen) getrennt.

Beim Destillieren wird eine Flüssigkeit über den Siedepunkt erhitzt und damit Dampf erzeugt, der anschließend durch Abkühlung (Dephlegmation) wieder kondensiert – also flüssig wird.

Durch die unterschiedlichen Siedepunkte kann Trinkalkohol (Ethylalkohol, Ethanol siedet bei 78 Grad Celsius) und ungenießbares, leichtflüchtiges Aldehyd, Essigester und Methanol (Methylalkohol) aus dem Raubrand destilliert werden. Nur der Mittellauf (bezeichnenderweise auch Herzstück genannt) wird zu einem trinkbaren Edelbrand verarbeitet.

100 Liter Maische ergeben – je nach Frucht – 2,5 bis 14 Liter trinkfertigen Alkohol.

Im Gegensatz zum Doppelbrennverfahren können beim Kolonnenbrennverfahren Obstmaischen in einem Brennvorgang destilliert werden; die Kolonne ist ein Kupferzylinder mit mehreren (bis zu drei) Kochböden (auch Glocken- oder Siebböden genannt).

» Der Mittellauf wird kühl und dunkel gelagert und nach etwa einem Jahr mit kalk- und eisenfreiem (oder -reduziertem) Wasser auf Trinkstärke gesetzt. Der Mittellauf hat etwa 65–75 %vol und wird auf 43 % bis 38 %vol herabgesetzt. In Frankreich wird das Herabsetzen auf Trinkstärke als „Hochzeit" zelebriert.

## Edelbrandsommelièr/ière

Das Ländliche Fortildungsinstitut (LFI) bietet als Bildungsunternehmen der österreichischen Landwirtschaftskammern seit 13 Jahren die Ausbildung zum Edelbrandsommelièr an. Diese Ausbildung erstreckt sich über 15 Kurstage und 120 Unterrichtseinheiten und verfolgt das Ziel, das Wissen über die Destillatproduktion zu vertiefen und das Verkosten und Präsentieren von Edelbränden zu erlernen. Die Ausbildung zum „Edelbrandbotschafter" haben bisher etwa 200 Edelbrenner und Edelbrandliebhaber aus allen Bundesländern absolviert.

Die Niederösterreichischen, Tiroler, Vorarlberger, Salzburger und Oberösterreichischen Edelbrandsommelièrs haben sich jeweils in einem Verband zusammengeschlossen, um für die Edelbrandqualität zu werben und die Trinkkultur zu pflegen.

## Fasslagerung
Die Fasslagerung wird bei neutralen Bränden mit wenig Eigenaroma ebenso praktiziert wie bei aromareichen Bränden, etwa bei Apfel-, Apfelwein-, Wein-, Zwetschken-, aber auch Marillen-, Williams-, Kirschen- oder Vogelbeerbränden. Durch die Holzfasslagerung erhält das Destillat eine gelbliche Färbung, die – je nach Lagerdauer – von gelb-gold- bis bernsteinfarben reicht. Verwendet werden Fässer aus Eichen-, Akazien-, Maulbeeren-, Kastanien-, Birnen- oder Kirschenholz.

## Geist
Als Geist werden jene Spirituosen bezeichnet, bei denen Früchte in Reinalkohol gelegt, ausgelaugt und destilliert werden.

## Genuss Region Österreich
Die Genuss Region Österreich ist eine geschützte Marke der Agrarmarkt Austria Marketing GmbH und des Bundesministeriums für Land- und Forstwirtschaft, Umwelt und Wasserwirtschaft (jetzt Bundesministerium für Nachhaltigkeit und Tourismus). Die ersten 22 Genussregionen wurden 2005 ernannt. Von 2006 bis 2008 wurden weitere 80 Regionen zu Genuss Regionen erklärt. In den letzten 5 Jahren kamen noch weitere 9 Regionen dazu (URL: http://www.genuss-region.at/initiative/index.html, abgefragt am 14.4.2018).

Hauptzweck dieser Initiative ist es, regionale landwirtschaftliche Produkte vor den Vorhang zu holen, das Zusammenspiel zwischen Kultur- und Naturlandschaft aufzuzeigen und das hohe Qualitätsniveau der von Landwirten produzierten, von Betrieben verarbeiteten und in der Gastronomie und im Handel angebotenen Lebensmittel den Touristen und Konsumenten sichtbar zu machen.

Im Rahmen der „Schnopsroas" bereisen Sie 19 aktive Genussregionen: Bregenzerwälder Alp- und Bergkäse (siehe Seite 30), Stanzer Zwetschke (siehe Seite 34), Oberländer Äpfel (siehe Seite 37), Wildschönauer Krautinger Rübe (siehe Seite 49), Lungauer Eachtling (siehe Seite 59), Lavanttaler Apfelwein (siehe Seite 72), Oststeirischer Apfel (siehe Seite 85), Pöllauer Hirschbirn (siehe Seite 91), Steirischer Vulkanland Schinken (siehe Seite 98), Südburgenländischer Apfel (siehe Seite 102), Waldviertler Graumohn (siehe Seite 140), Waldviertler Kriecherl (siehe Seite 141), Wachauer Marille (siehe Seite 147), Traisentaler Fruchtsaft (siehe Seite 157), Pielachtaler Dirndl (siehe Seite 160), Elsbeerreich Wiesenwienerwald (siehe Seite 167), Mostviertler Mostbirn (siehe Seite 184), Buchkirchner–Schartner Edelobst (siehe Seite 195), Linz Land Apfel-, Birnensaft (siehe Seite 195), Mühlviertler Hopfen; war von 2005 bis 2015 Genuss Region (siehe Seite 206).

## Österreichischer Qualitätsbrand
Mit „Österreichischer Qualitätsbrand" ist die höchstmögliche Qualitätsstufe österreichischer Destillate gemeint. Aroma und Alkohol werden aus der Gärung gewonnen. Es handelt sich um 100 % Fruchtdestillate.

## Parfum de Vie
Eines der jüngsten Kreationen sind hochkonzentrierte Fruchtdestillate mit über 70 %vol, die in Zerstäubern angeboten werden und der Aromatisierung und Aromaverstärkung für Salate, Hauptspeisen und Desserts dienen.

## Schnaps

Mit Schnaps sind Sprituosen gemeint, die lediglich einen Destillatanteil von 33 % aufweisen müssen. Der Rest darf Sprit (Destillat bäuerlichen Ursprungs aus Kartoffel, Getreide oder Mais) sein.

Während Schnaps in seiner ursprünglichen Bezeichnung für echte, also 100 %-ige Destillate stand, fallen mit dieser Begriffsbestimmung auch Spirituosen der untersten Qualitätsstufe darunter.

Leider – denn das Wort Schnaps hat sich auch in der Umgangssprache fest verankert. Kaum jemand wird einen „Österreichischen Qualitätsbrand" bestellen. Schnaps geht da schon leichter über die Lippen und kann mit den großen Mitbewerbern Whisky, Vodka oder Gin gut mithalten.

## Spirituose

Als Spirituose werden Destillate bezeichnet, die mit oder ohne Zusatz von Aromastoffen aus vergorenen Erzeugnissen destilliert werden. Sprituosen müssen einen Mindestalkoholgehalt von 15 %vol aufweisen.

## Strong spirits

Während sich einige Edelbrenner schon seit vielen Jahren mit hochprozentigen Edelbränden am Markt positionieren, findet diese spezielle Kategorie immer häufiger Eingang in die Bewerbslisten nationaler und internationaler Verkostungen.

Als Strong Spirits gelten laut „Destillata" 100 % Destillate ohne Zuckerzusatz mit mindestens 48 %vol. Eine Holzfass-Lagerung ist möglich.

Die Trinkstärke von Schnäpsen (Österreichischen Qualitätsbränden) liegt bei mindestens 38 %vol.

## Verkostung – Wie wird Schnaps verkostet und prämiert?

Die Qualität von Edelbränden wird zumeist durch eine sensorische Verkostung, also durch Riechen und Schmecken festgestellt. Eine (blinde) Verkostung in einer Gruppe – zuerst jeder für sich, dann im Meinungsaustausch – hilft mit, das Urteil einigermaßen zu objektivieren. „Blind" bedeutet ohne Kenntnis des Herstellers, aber sehr wohl unter Bekanntgabe der Frucht und der Alkoholstärke.

Hilfreich bei Verkostungen, bei denen Sieger und Medaillen ermittelt und vergeben werden, sind Verkostungsanleitungen. Diese Anleitungen beinhalten Bewertungskriterien, ein Benotungs- oder Klassifizierungssystem nach Schulnoten und ein Punktevergabesystem bis maximal 20 oder 100 Punkte.

Die wesentlichen und entscheidenden Bewertungskriterien sind:
- » Sauberkeit (keine Vor- und Nachlaufkomponenten)
- » Aroma (frisch, intensiv und fruchttypisch in der Nase und am Gaumen)
- » Empfinden am Gaumen (süß, bitter, scharf, komplex, voller Körper)
- » Persistenz (Länge und Intensität im Abgang)

Punkte und Medaillen werden bei folgenden nationalen und internationalen Prämierungen vergeben:
- › Destillata des österreichischen Bundesobstbauverbandes (BOV)
- › World-Spirits Award von Wolfram Ortner
- › Falstaff Spirits Trophy des Genuss- und Lifestyle Magazins Falstaff
- › Best of Schnaps von Vene Maier und Hermann Botolen

> IWSC in London
  (International Wine and Spirits Competition)
> das Goldene Stamperl in Wieselburg (= die NÖ Landesprämierung), die Goldene Ähre im Waldviertler Edelhof, der Goldene Dirndltaler im Pielachtal, der Schlossgeist in der Buckligen Welt, die Alpe Adria Verkostung in Kärnten und weitere Prämierungen in den Bundesländern Steiermark, Burgenland, Tirol und Vorarlberg

## Whisky – Austrian Whisky Association

Zwei Jahre nach dem legendären, von Arthur Nägele und Dr. Peter Dürr initiierten 1. Alpenländischen Whiskysymposium im Schweizer Walzenhausen wurde im Herbst 2012 die Austrian Whisky Association (kurz AWA) gegründet. Sie hat Ihren Sitz in der Wirtschaftskammer Österreich (Bundesinnung des Lebensmittelgewerbes) und zählt 14 Gründungsmitglieder. Den Vorsitz hat Mag. Jasmin Haider-Stadler, Destillateurin und Geschäftsführerin der 1. Whiskydestillerie Österreichs.

Die AWA sieht ihre Aufgabe in der Förderung der österreichischen Whiskykultur. Durch gemeinsame Auftritte der Betriebe werden die Individualität der einzelnen Destillerien und die Vielfalt der von ihnen produzierten Whiskys im In- und Ausland präsentiert.

## Zigarrenbrände

Zigarrenbrände müssen im Holzfass gereift sein und mindestens 43 %vol aufweisen. Produkte mit Zuckerzusatz im gesetzlichen Ausmaß (4 g/l) sind erlaubt.

Schnapsgläser

# Nachwort

Während sich meine große „Schnopsroas" über 43 Tage erstreckt hat, sind für die eben beschriebenen Touren mindestens 93 Tage einzuplanen. In dieser Zeit besuchen Sie über 100 Feindestillerien, Natur-, Fruchtbrennereien, große und kleine, private, landwirtschaftliche und gewerbliche Brennereien.

> ### *Tipp*
> Achten Sie darauf, dass die Verkostung der Edelbrände im richtigen Glas erfolgt. Wichtig ist eine Glasform, die sowohl das Abriechen gut ermöglicht als auch geeignet ist, den letzten Schluck aus dem Glas ohne spezielles Nackenmuskeltraining zu trinken. Und schreiben Sie zu jeder Kostprobe Notizen. Solange Sie schreiben können, können Sie noch verkosten.

Die einen wollen den besten Apfelschnaps erzeugen, die anderen der Mostbirne ein kulinarisches Denkmal setzen.

Als Gemeinschaft von Obstbauern und Schnapsbrennern haben sich einige Destillerien zum Ziel gesetzt, mit einem gemeinschaftlichen Edelbrand die hohe Qualität des Inhalts mit dem edlen Design der Verpackung zu verbinden. Dies ist den steirischen Apfelmännern mit dem reinsortigen Apfelbrand „Abellio", den Salzburger Edelbrandsommelièrs mit dem fassgelagerten Obstler aus Apfel, Birne und Zwetschke „Amadeo", den Mostbaronen mit dem in einem Birnen-Holzfass gelagerten Mostbirnenbrand „Prima Pira", den Vorarlberger Edelbrandsommelièrs mit dem „Platinum MMXI", einem zwei Jahre in Limousine Eichenfässern gelagerten Apfelbrand oder Steinobst Cuvee und und den Tiroler Edelbrandsommelièrs mit dem fassgelagerten Apfelbrand „Signum" bestens gelungen.

*Mögen weitere gute Beispiele folgen!*

Gemeinschaftsprodukte

# Dankeschön

Viele Fotos habe ich meiner Gattin Martina Haydn und meiner Nichte Barbara Öllerer zu verdanken. Sie fotografieren – im Gegensatz zu mir – gerne und gut. Die Bilder zeigen Früchte und besondere Einblicke in großartige Landschaften oder unvermutete Details. Sie zeigen keine Menschen, weil dieses Buch mit der Absicht geschrieben wurde, den Leser einzuladen, die über 100 Edelbrenner persönlich kennenzulernen.

Um dieses Buch zu finalisieren, war die Unterstützung einiger Personen notwendig: Danke an meinen Neffen Mag. Thomas Haydn, der das Buchprojekt mit kritischem Blick und verlagskundigem Rat unterstützt hat, danke an Dr. Christa Hanten, Dr. Bernhard Gamsjäger und meinen Bruder OSR Wolfgang Haydn, die mich darin bestärkt haben, jene Geschichten zu erzählen, die mir – und hoffentlich auch Ihnen – die Schnapswelt näher gebracht haben, danke an Ing. Andreas Ennser, der mich mit fachkundigem Rat unterstützt hat, danke an das Altwiener Schnapsmuseum, an Valentin Latschen, Lukas Schüller, Familie Gruber, Weingut Adam-Schererkogel, Uschi Broger, Arthur Nägele, Alois Pöltl, Martina und DI Johanna Kuenz, Jakob Mayer und Katharina Warter für das zur Verfügungstellen von Fotos oder wertvollen Tipps für Fotomotive und an die vielen Brenner, die mir Kostproben zur Verfügung gestellt und Ihre Zeit und Aufmerksamkeit geschenkt haben. Und danke an Wolfgang Ruzicka und dem Team des Freya-Verlags, ohne die aus der Projektidee kein Buch geworden wäre.

## *Ein Tipp zum Schluss*

Gutes Schuhwerk ist für die Fußetappen unerlässlich. Strapazfähig und wasserdicht sollte es jedenfalls sein.

Schuhwerk

# Literatur

Wer mehr über *„Edelbrände – Erzeugung, Beurteilung und Verkostung"* wissen will, dem sei das gleichnamige Buch von Alois Gölles empfohlen, das 1998 im Leopold Stocker Verlag erschienen ist.

Whisky- und Roggenliebhabern sei das 2016 erschienene Buch *„Roggen´ Roll"* von Jasmin Haider-Stadler und Roland Graf ans Herz gelegt.

Ein guter Einstieg in die *„Tiroler Schnapsroute"* bietet gleichnamiges Buch von Wendelin Juen und Ulrich Jakob Zeni.

Eine wahre Fundgrube für allerlei Genüsse ist Maria Steinbauers Buch *„Edelbrände – Exquisites Geniessen"*, 2010 im Pichler Verlag erschienen.

Schön gemacht und als Nachschlagewerk gut zu gebrauchen ist das Buch der Destillerie Gerald Hochstrasser „Vom Gedanken zum Geist. Und vom Samen zur Geburt".

Konzentrierte Information finden Sie im Buch *„Hochprozentiges aus Österreich – Die Welt der edlen Brände"*, das 2006 im M + N Medienverlag erschienen ist.

Reich bebildert ist das 400 Seiten starke Buch *„Edle Spezialitäten aus Österreich"*, das sich zur Hälfte dem Thema österreichischer Edelbrand widmet. Claudia Bräuer, Claudia Dabringer und Volker Miosga beschäftigen sich vorallem mit der Vorarlberger, Tiroler, Salzburger, oberösterreichischen und steirischen Brennerszene.

Im *„Bio Genuss Guide"* von Rudolf Knoll und Jürgen Schmücking finden Sie neben vielen Produkten, die auf biologischer Basis hergestellt werden, einige Bio-Edelbrandproduzenten.

Ein Standardwerk zum Thema Edelbrand ist Vene Maiers 2. Auflage des Buches *„Große Schnäpse"*, das 2004 im Falter Verlag erschienen ist.

Viele Anleitungen zum Selbermachen finden Sie in Georg Innerhofers Praxisbuch *„Sirup & Nektar: Aus Blüten, Früchten und Kräutern"*, das 2013 im Leopold Stocker Verlag erschienen ist.

Ebenfalls ein Buch für Praktiker ist Ulrich Zenis *„Die Einkoch Bibel"*, das 2013 im Löwenzahn Verlag erschienen ist und mittlerweile in der 7. Auflage am Markt erhältlich ist.

Eines der exquisitesten Druckwerke zum Thema Edelbrand ist das reich bebilderte Buch *„Quinta Essentia – Das Buch vom Edelbrand"* von Alois Gölles, Karl Holzapfel, Valentin Latschen und Hans Reisetbauer.

Ein Nachschlagewerk für über 4600 Whiskys weltweit ist Jim Murray´s *„Whisky Bible"*, das jährlich neu aufgelegt wird.